マンガで入門！会社の数字が面白いほどわかる本

作［キャッシュフローの専門家］森岡 寛
画［ビジネス漫画家］渡邊治四

ダイヤモンド社

はじめに

毎日約２００冊もの新刊書籍が発行されている中から本書を手に取っていただけたこと、心から感謝しています。

私は「キャッシュフローの専門家」として、**中小企業の経営者やビジネスパーソン**を中心に、会社数字の仕組みや、財務や経理の基本をわかりやすく理解していただくための研修やコンサルティングを日々行っています。

これまで数多くの経営者やビジネスパーソンの方々と接してきましたが、その多くは**「会社の数字が苦手」「会社のお金のことはよくわからない」**と勝手に思い込んでおられる方が大半でした。いわば「食わず嫌い」です。なぜ、そのような事態が生まれるのでしょうか？　その最大の原因は、会計・財務・経理・税務等における**「専門用語の壁」**にありました。そこで、できるだけ専門用語を使わないで、会社の数字や会社のお金の流れが理解できる入門書を作れないかと考え執筆したのが本書です。

本書の目的は以下の３つです。

1. 日本中の経営者やビジネスパーソンの方々に、会社の数字やお金に関する**苦手意識をなくしてもらうこと。**
2. 経営者や従業員の皆さんが、日々一生懸命に働いている結果が、会社の決算書や財務体質にどのように反映されるのか。ビジネスの**現場感覚を実感しつつ理解してもらうこと。**
3. **会社の数字やお金の流れに自然と親しめる**ようになること。

また、この手の本はどうしても無味乾燥になりがちなので、制作にあたっては、**「わかりやすい！」「面白い！」「共感できる！」「感動する！」「実践できる！」**の５つを最優先に考えました。

さらに、より親しみやすい本にするために、**内容のほとんどをマンガで表現する**ことにいたしました。主人公の向井 聡とヒロインの伊藤 奈々子。この２人の新入社員を中心に展開するストーリーを追っていくことで、自然と会社の数字やお金の流れというものが理解できるようになっています。はじめて会社の数字に触れる**大学生や新入社員**の方でも、きっと楽しみながら読むだけで理解できるものになったのではないかと自負しています。

読者の皆様にとって**「会社のお金・数字嫌い」を克服するキッカケになった！**と喜んでいただける本になることを心から願っています。

2012年４月　キャッシュフローの専門家　　森岡　寛

会社のおカネ《数字》を悪化させているのは誰だ!?

登場人物ファイル

向井 聡(22)
主人公。新卒採用で真心絆食品に入社。父は5年前に他界。ちょっとおバカだが、純粋。

宮崎 要(34)
真心絆食品の財務コンサルタント。向井のアドバイザーとして成長を見守る。独身。

伊藤 奈々子(22)
向井と同じ大学でマドンナ的存在だった。新卒として真心絆食品に入社。仕事と能力にプライドを持つ。

社長、部長

170
160
150
Makoto
Sanada

社長・真田 誠(51)

真心絆食品の代表取締役。
理念を強く押す経営を進める。
部下を信じ、権限を任すが…。

160
150
140
Yoshio
Haraguchi

経理部長・原口 芳夫(46)

真心絆食品の経理部長。
責任感が強く、他人にも自分にも厳しい。資金繰りに頭を抱える…。

160
150
Kazuhiro
Takemura

製造部長・竹村 一宏(46)

真心絆食品の製造部長。
頑固で職人気質。情も深い。
原価率と在庫に悩まされる…。

170
160
150
Syuu
Yamakawa

営業部長・山川 宗(49)

真心絆食品の営業部長。
ナンバー1の売上を誇るが、
人を頼らず協調性がない…。

経理部
Yasushi Katou
加藤 靖(38)
売掛、販売管理担当。
自社製品の食べすぎでメタボに。
Mikoto Fukuyama
福山 美琴(29)
経理部9年目。採用担当も兼務。
来年結婚を控えている。
製造部
小沢 信雄(26)
購買担当。気が弱い。
竹村部長を信頼している。
Nobuo Ozawa
Hiroshi
谷本 浩士(36)
製造部のナンバー2。何故か
男性と話す時は距離が近い。
製造部のアルバイト・パート
営業部
Akira Yakushiji
薬師寺 昭(28)
営業部のナンバー2。大阪出身。
山川部長とやり方が合わず、
対立している面もあるが…。
営業部のメンバー・アシスタント

この物語に出てくる
真心絆食品株式会社
前期 決算書【貸借対照表】

貸借対照表

平成24年 3月31日 現在

真心絆食品株式会社　　　　(単位：千円)

資産の部		負債の部	
科目	金額	科目	金額
【流動資産】	349,420	【流動負債】	157,660
現金及び預金	50,000	買掛金	22,330
売掛金	166,670	短期借入金	96,000
製品	77,440	未払金	21,330
原材料	24,010	預り金	18,000
仕掛品	17,760	【固定負債】	850,000
前払費用	13,540	長期借入金	850,000
【固定資産】	772,450	負債の部合計	1,007,660
【有形固定資産】	700,000	純資産の部	
建物	120,000	【株主資本】	117,810
建物附属設備	9,140	資本金	30,000
機械装置	423,000	利益剰余金	87,810
車両運搬具	13,580	その他利益剰余金	87,810
工具器具備品	35,280	繰越利益剰余金	87,810
土地	99,000		
【無形固定資産】	5,000		
ソフトウェア	5,000		
【投資その他の資産】	67,450		
投資有価証券	23,000		
差入保証金	37,500		
長期前払費用	6,950		
【繰延資産】	3,600		
試験研究費	3,600	純資産の部合計	117,810
資産の部合計	1,125,470	負債及び純資産合計	1,125,470

た…貸借…たいしょう…？
このような何も知らない方でも楽しんでお読みいただけます

この物語に出てくる
真心絆食品株式会社
前期 決算書【損益計算書】

損　益　計　算　書

自　平成23年 4月 1日
至　平成24年 3月31日

真心絆食品株式会社　　　　　（単位：　千円）

科　　目	金　　額	
【売上高】		
売　上　高	1,000,000	
売上高合計		1,000,000
【売上原価】		
期首製品棚卸高	62,100	
当期製品製造原価	662,060	
合　計	724,160	
期末製品棚卸高	77,440	
製品売上原価		646,720
売上原価		646,720
売上総利益金額		353,280
【販売費及び一般管理費】		
販売費及び一般管理費合計		322,250
営業利益金額		31,030
【営業外収益】		
受取利息	200	
雑収入	5,000	
営業外収益合計		5,200
【営業外費用】		
支払利息	25,500	
営業外費用合計		25,500
経常利益金額		10,730
税引前当期純利益金額		10,730
法人税等		4,290
当期純利益金額		6,440

※製造原価報告書:第4章P94参照

目次

Prologue

就職が決まった！

プロローグ
あー危ない…危なすぎるわ
ボクの人生…
50社受けて…内定が一つも
決まらんって…もはや詰んでるだろ…
向《む》井《かい》聡《さとし》
大学4年生
母親《ババア》には就職決めて実家出てけって言われるし…
※小料理屋経営
ハッ
おばあさんここ信号ないし一緒にいこう！
とおりまーす
※ちょっとでも良いことが起こるように徳を積んでいる

第一志望の
真《ま》心《ごころ》絆《きずな》食品さえ
決まればあとの全部
落ちたっていい
ピリリリリリ
バッ
ドッ
ドッ
ドッ
ドッ
はっはい
○×大学の
向井です
真心絆食品
採用担当の
福山です
おっお世話に
なります!!
今年度の
新入社員採用
ですが
おめでとうございます
向井さんの内定が
決まりました
ドクン
あっ…あっ…
ありがとう
ございます!!
やったぁ!!!
御社が
第一志望で…
あっはい
書類?
あの
お婆さん
神様!?

カバン
自転車の
とこか
では
住所を…
あの時のボクは
信じて疑わ
なかった
就職さえ決まれば
ほぼ人生ゴールした
ようなものだと

それがただのスタートだったとは夢にも思わなかった

1
First Chapter
銀行から最後通告！
あと1年で会社が潰れる!?

第1章
いえ本当にご心配とご迷惑をおかけしました
無事退院致しました
内定電話の最中に交通事故に遭うなんて!
心臓が止まるかと思いました…
採用担当 福山
いやだわー
ホホホ
ボク内定取り消しにはならないですよね!?
むしろ私が辞めさせられるかと思ったくらいよ…
コンコン
カチャ
失礼します 真心絆食品代表の
真田《さなだ》です!

社長
向井君大丈夫だったかい？
ハッハイ!!すいませんでした!!
社長自ら気にかけてくれるなんて…
ん？
この方は…？
ダメだ我慢できない!!アハハハ
面白すぎるだろ君!!
ギャハハハ
内定の電話中に事故って!!
……
うちの財務コンサルの宮崎氏だ
何だ!? あの人!!
社長さんかっこよかったわね～
どこ見てんだよ…
内定取り消されなくて本当によかったわ

うちは5年前
父が他界してから
母は女手一つで
ボクと妹を育てて
くれた
小料理屋
むかい
小料理屋を
切りもりして
毎日くたくたに
なるまで働いて
くれてる母
就職が決まって
やっと恩返し
できるよ…
あれ!?
ケータイがない!?
ひー
バン
叩かれた時に
落ちたのか!?
あんたのドジで
どっかに忘れて
きたのかもしれないわよ
確かに
足痛いし…
母の
iPad
GPSで
調べてみる
やっぱりさっきの
応接室だ!!
真心絆食品
あの…
失礼します…
…ん?

そうやって営業部がデカイ面するからだろ！
実際の数字を作ってるのは営業だからな
え……？
製造部が作った商品がなきゃ売れもしないだろ！
仕入先との交渉はこっちがしてるんですよ！
あれが交渉？笑わせるな
高い材料仕入れて高級品作ってるつもりか
何て言い方だ！
こっちのセリフだ！
ちょっ…
何が起こってるんだ!?

と…とにかく今は話しかけれる雰囲気じゃない…
ケータイとりにいくくらい自分でやろう…
つつか、今の…内紛？あんなに仲が悪いのか？
この会社って…
応接室
…!!
しまった！
…わかった
社長とコンサルの人が打合せしてる!!!
ですので
このままいくと
銀行に最後通告をつきつけられます

最後通告――!?
最低でも、向こう1年間で1億円のキャッシュフローの改善が必要になりますね…
…お前
何してんだ
ココで

向井君か偶然聞いてしまったことは理解した…
これは経営的なシミュレーションを基にした話だ
このような事態はまだ起きていない
わかっていると思うが、くれぐれも他言しないように
……ボク…
内定取り消しされちゃいますか？
…バカ
普通は内定辞退を考えるだろ…
…あ…

その足だ送ってやるよ…
ケータイ落としたのもオレが原因だし
せっかく決まった会社が
銀行から最後通告――
ボクの人生
完全に詰んだ
さっきお前のケータイに乙女っぽいメッセージかかれてなかった?
拾ってくれた方へありがとうございます さとこ
あ、落とした時用の捜索アプリをいれてて…女の子のフリした方が届けてくれるかと…

そりゃ確かに!! オレもそのアプリいれよ!
はぁ…
…まぁ さっきオレも内定辞退とは言ったけど
真心絆食品は大幅改善こそ必要だがすぐに潰れるわけじゃない
コンサルとして色々な会社もみてるけど、どこも問題は抱えてる
問題を他人のせいにせず、一歩ずつ解決していく会社は
絶対に良くなるよ

オレに
言えるのは
これくらい
お前の未来だ
どんな決断
しても自由だ
…ありがとう
ございました
おぅ！
じゃあ元気でな
早く足治せよ
一歩ずつ
解決して
いくって…
あんなに仲が
悪くて言い争い
してる人たちが
手をとりあえる
のか？
そんなに
カンタンな
わけがない…
しかも
あの人は
外部の人間
じゃないか――

小料理屋
むかい
むかい
問題を他人のせいに…
お前の未来だ
グッ

二〇△△年度
真心絆食品株式会社
入社式
こんなに頭使ったのは人生初めてでした…けど
決めました
ボクの人生はまだ詰んでないここでやってみます
第1章　完

Second Chapter

2

財務改善プロジェクトが始動！

第2章
代表取締役の真田《さなだ》誠《まこと》です
素晴らしい新入社員を受け入れられたことを
とても嬉しく思います
「真心絆食品」という名は
私の名字から一字とったというのもありますが、
我が社の理念である、
「人と人をつなぐまごころ」という想いが含まれています
私は早くに両親を亡くしましたが
母が作ってくれた料理やお菓子の味は今も鮮明に覚えています
それはきっと母の真心が込められていたからだと思います

真心絆食品
家庭で食べるような真心のこもった、食べると笑顔になる食品を日本中に届けたいという想いから創業しました
その想いを形にするような製品作りに日夜取組み…
そして、この「まごころバームクーヘン」の商品が生まれ、大ヒットとなり会社の歴史を変えたのです
TV
確かにこの商品をTVで知ったのがこの会社との出会いだったな…
…が、あまりにこの商品が有名になりすぎて…
20△△年度
真心絆食品株
社式
他の商品が出ていることを社員も知らなかったりするのですが…
ドキ
ビクッ
新入社員を採用し、育てるという文化を大事にしています
人は何よりの財産…君たちが会社を担っていく「人財」なのです
誠意をもって業務に尽くし、この会社から社会貢献していってください

見ろよ
あの子……
超美人!!
女優みてー
なっっ……
伊藤奈々子も
この会社にー!?
大学で芸能人クラスの美人として有名な伊藤さん……
人気があるのに一人を好む姿が不思議とカッコよく見えた……
学祭のミスコンで出場していないのに「伊藤コール」が起こったのは伝説…
イ・ト・ウ!!
○X大学 ミスキャンパス
ちょっと!!
不在
イ・ト・ウ
ボクは遠目から見ていただけだったけど…
大学2年までは彼女がいたがそれきり…な向井

一度だけ食堂で…
角煮丼一つ!
伊藤さん!?
ごめんねー角煮は残り一人前だよ
あっじゃあボクはいいです。別ので
ありがとう
話しちゃった…
唯一の思い出だった…それが同じ会社だなんて…
おい君!
移動して今から社内を案内してくれるんだってさ
ここが食堂です
へー
我が社の試作もですよー
ペこっ

伊藤さんと宮崎さんて…
顔見知り…?
これが我が真心絆食品の組織図です
真田社長
営業部 部長山川
製造部 部長竹村
経理部 部長原口
採用担当 福山
このフロアが営業部
ここが経理部です
私も経理よ
工場は全て製造部ですね
あのケンカしてた人たち…
営業部長と製造部長だったのか…

製造部配属だったらちょっとな…
ヒソ
工場けっこう年季が入ってるよな…
あオレも思った
そうかしら
機具は新しいものを入れてたと思うけど
さっき製造部長が言ってたじゃない
新しく工場のラインを作ったって
あの設備は固定資産になるけど相当な投資だったハズ
なっ…!! 鋭すぎるよ伊藤さん!!
バームクーヘンがヒットしたからその利益をあてたんじゃないの?
…だからね…

※OEMについては財務用語解説P12参照

入社式 20△△年度 真心絆食品株式会社
ヒット商品にもめぐまれ人員も増加…
新入社員という新たな戦力も加わった
今後更なる発展を遂げるためにも
このタイミングで大幅な改革を行う必要があると考えている
それも数字的な根拠に基づいた改善を――
本日より財務改善プロジェクトを始動し、
目標改善金額は1億円を目指します!

ザワッ
財務コンサルタントの宮崎氏にご尽力頂く
業務改善は全ての部署で行われると思ってほしい
このプロジェクトは私の管轄の下、行うがやはり社員の力も必要だ
そこで実行担当として
新入社員の向井君にその役をお願いする

新…入
社員…?
……
ボク?
皆、協力してほしい
え〜〜〜〜〜〜〜〜っっ
パチ
パチ

社長！ 何故
経理部長の私が
入っていないのです⁉
担当になると
通常業務が
できなくなる
協力はもちろん
期待しているよ
ギリッ
ひっ
お前が
向井か!!
ビクッ
声
デカッ
小僧に社運かけた
プロジェクトなんか
本当に務まるのか⁉
…せいぜい
期待してるよ…
ビュオオオオ
怖すぎる!!
どゆことですか⁉
オレじゃないよ
社長の決断だ

お前の覚悟に期待してるんだろ
そうだ…ボクがやってみるんだ
向井くん
伊藤さん
もし伊藤さんがエールをくれたらがんばれるかも…
がんばって
私がやった方が結果が出せると思うわ

なっ
何だよソレ!?
あなたがどれほどできるか見せてもらうわ
なっ…なんで
しし
ライバル的なセリフ吐かれちゃってんの!?
何か全然味方がいない気がする…
第2章 完

宮崎先生の
財務
補習授業

銀行が追加融資を嫌がる5つの理由

①会社が赤字だから

第1講

なぜ、銀行は最後通告を行うんだろう？

返済能力あり
売上
利益
経費
黒字!!

どうした向井？
うーん…
銀行はお金を貸して利息をとっているのに
どうして追加融資を断るんでしょうか？

返済能力なし
売上
損失
経費
赤字!!

伊藤女史の財務用語解説
知ってて当然のレベルよ

赤字・黒字

昔の手書きで帳簿を作成していた頃、損失(マイナス)の数字を記載する際、赤字で記載していたことから、
損失＝赤字
それに対比する表現で、
利益＝黒字
という呼び方をしています。また、経費が売上を上回った場合だけでなく、収支(お金の収入と支出)においても支出が収入を上回った場合でも、赤字という表現を使います

銀行が追加融資を嫌がる5つの理由
②会社が債務超過だから
純資産がある時
返済能力あり
資産
負債
純資産
純資産がない時
債務超過!!
返済能力なし
資産より負債が多い
資産
負債

銀行が追加融資を嫌がる5つの理由
③銀行からの借入金残高が多いから
問題なし
返済能力あり
月間売上
借入残高
問題あり
返済能力なし
月間売上
借入残高

債務超過

これは決算書にある貸借対照表という資料で、会社の資産と負債、そしてその差額の純資産を掲載しているんですけど、このうち純資産がマイナスの状態を(資産より負債が大きいことから)「債務超過」と言います

借入金月商倍率

融資判断の一つに「借入金月商倍率」という指標があります。会社の現在の借入金残高が月商(月間売上高)の何倍あるかを見るものですが、この倍率が大きくなると金融機関は「この会社は借入金が、多い=返済が大変」ということで追加融資に慎重になります

銀行が追加融資を嫌がる５つの理由

④メインバンクが追加融資を渋っているから

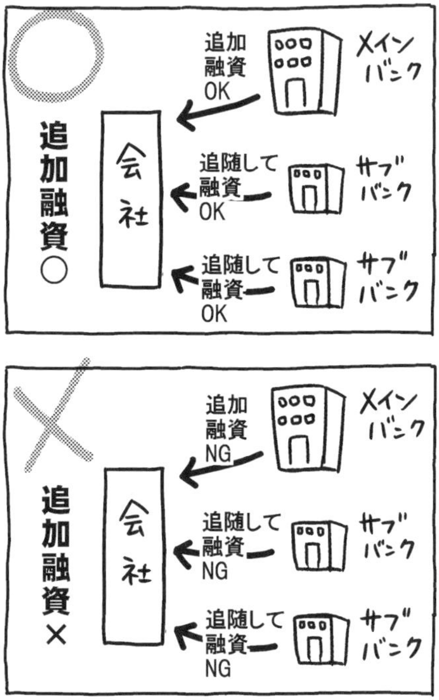
追加融資○
メインバンク
追加融資OK
会社
サブバンク
追随して融資OK
サブバンク
追随して融資OK
追加融資×
メインバンク
追加融資NG
会社
サブバンク
追随して融資NG
サブバンク
追随して融資NG

銀行が追加融資を嫌がる５つの理由

⑤決算書を見ると、黒字だけど…

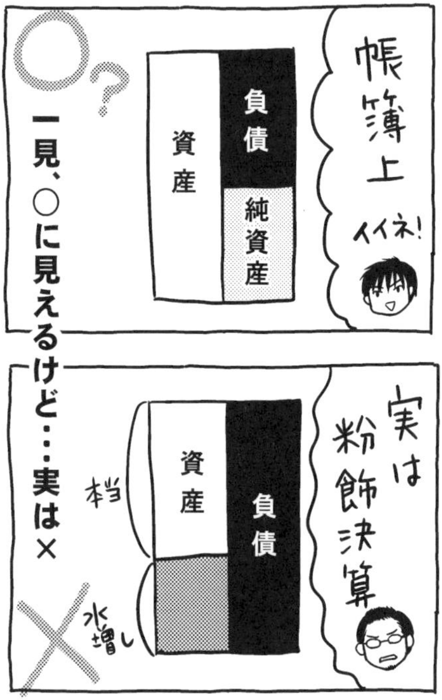
帳簿上
イイネ!
負債
純資産
資産
一見、○に見えるけど…実は×
実は粉飾決算
資産
負債
本当
水増し

メインバンク

自社が最も多くの融資を受けている銀行のことを「メインバンク」、それ以外に融資を受けている銀行を「サブバンク」といいます。サブバンクは、メインバンクの対応を気にして動きますし、メインバンク、サブバンクはともに、お互いの融資残高を意識して追加融資の有無や融資金額を決定します

粉飾決算

会社の経理処理は、決められた会計ルールにのっとって処理しないといけないんですが、銀行や得意先との取引を断られるのを恐れて、自社の決算情報をごまかすことを粉飾決算といいます

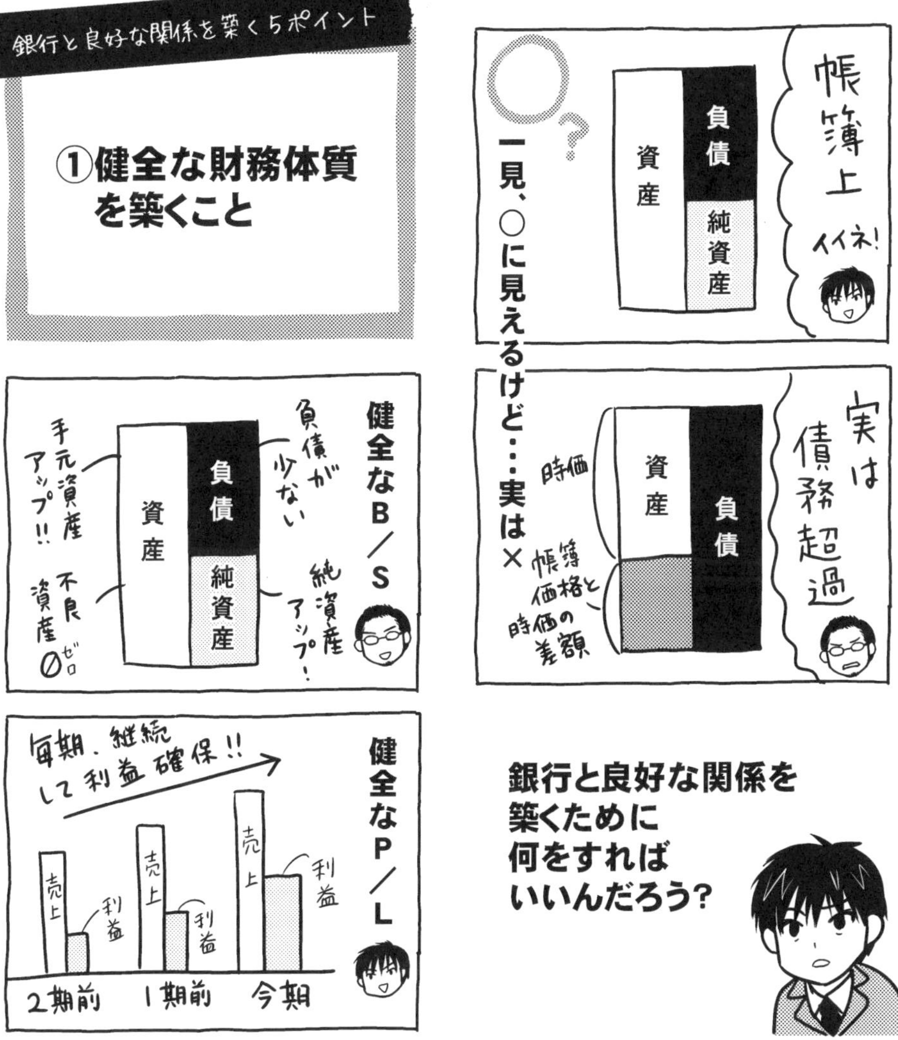
銀行と良好な関係を築く5ポイント
①健全な財務体質を築くこと
健全なB/S
手元資産アップ!!
不良資産0《ゼロ》
負債が少ない
純資産アップ!
資産
負債
純資産
健全なP/L
毎期、継続して利益確保!!
売上
利益
2期前
1期前
今期
帳簿上
イイネ!
資産
負債
純資産
一見、○に見えるけど…実は×
実は債務超過
時価
帳簿価格と時価の差額
資産
負債
銀行と良好な関係を築くために何をすればいいんだろう？

※B/SはP90参照

※P/LはP92参照

決算書・試算表

原則として1年に1回、会社の1年間の経営成績と決算時点での財政状態を把握するため、会計ルールにのっとって作成された資料が決算書です。この決算書を1ヵ月ごとに分類・集計してあるものが月次残高試算表（略称として「月次」や「試算表」と呼ばれることが多い）です

運転資金・設備資金

銀行が企業に対して行う融資の種類のこと。運転資金は利益は出ているけど、得意先からの入金が遅いので手元資金が少ない場合、手元資金をカバーするために受ける融資のこと。一方、設備資金は会社の土地・建物や機械・内装等の購入資金が不足した場合に受ける融資のことを指します

銀行と良好な関係を築く5ポイント

②キャッシュフローを改善する

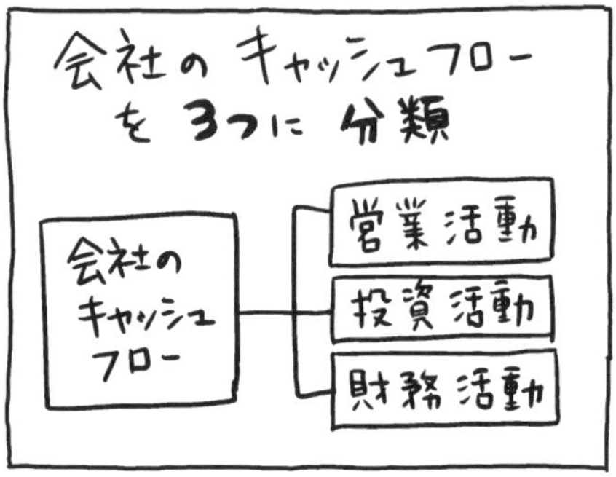
会社のキャッシュフローを3つに分類
会社のキャッシュフロー
営業活動
投資活動
財務活動

各CFの問題点をチェック

- 営業活動…債権回収･在庫の増減状況など
- 投資活動…設備投資、固定資産の売却など
- 財務活動…借入内容見直し、増資など

銀行と良好な関係を築く5ポイント

③定期的に自社の財務状況を情報開示する

財務データ
提出
BANK

情報開示の方法

- 資料…月次残高試算表　借入金返済明細一覧表
- 頻度…四半期ごと(3ヵ月単位)
- 姿勢…自ら積極的に開示する

キャッシュフロー

決算書だけでは会社のお金の流れが把握しづらいことから、ここ最近は自主的にキャッシュフロー計算書（通称ＣＦ）を作成する中小企業が増えてきています。

なお、ＣＦの考え方は、「回収は早く、支払いは少し遅く」が原則です。この考え方に基づき、会社の利益を出すだけでなく、入金速度を上げる取組み、支払い速度を少し遅らせる取組みを実施し、手元のお金を増やす取組みを行います

銀行と良好な関係を築く5ポイント
④事業計画を作成・提出する
銀行と良好な関係を築く5ポイント
⑤取引実績を作る
前もって情報を伝える
事業計画書
提出
BANK
融資
返済
BANK
将来に向けての実績作り
事業計画書の役割
・予算、資金計画
・設備投資計画
財務計画を取引銀行に明示する
銀行との良好な関係を築くのって、大変なんですね！うちの会社も頑張らないと！

減価償却

会社の設備投資は、投資した年度ですべて経費になるのではなく、一定期間にわたってその設備を利用できるという理由で、決められた年数(これを耐用年数といいます)に基づいて、毎年決められた金額を経費として処理します。

これを「減価償却(げんかしょうきゃく)」といいます。

この減価償却を経費として計上する時は、「お金は出て行かないけど、経費になる」という点が特徴です

覚えておくときっと役立つわよ

Third Chapter

3

経理業務を合理化せよ

財務改善プロジェクトスタート！
目標改善金額まで

残り　1億円

第3章

4月
ではこれから真心絆食品財務改善プロジェクト会議を
行います
……
ポツーン…
社長とか…他の部署の方とか…いないんですか？
社長は経営者の勉強会に参加中だ
…最初に伝えておいた方がいいと思うが
この会社は残念にも…

3つに分裂している
まず営業部山川部長はヤリ手だが独断専行。会社で一番貢献しているのは営業だと公言している
製造部の竹村部長は製品作りにプライドを持っているがこだわりが強く、職人気質我を通してきた
経理部の原口部長は厳しくて几帳面責任感が強いのはいいが問題を抱えてしまいがちだ
ま、平たく言えば仲が最悪だ
ガクッ
どの部署もそれぞれ重要な役割を持っていて連携は不可欠
商品とお金はこんな形で回っている

会社のお金の流れ

お金
→支払い(材料代、人件費、家賃などの経費や、銀行への借入金返済などの支払いを行う)

↓

購買
材料や商品、または生産活動に必要な物を購入する活動。次の工程にある生産活動のスケジュールに支障をきたさないよう仕入れを行わなければならない

↓

生産
営業から依頼を受けた製品や、自社の材料の在庫状況などを踏まえて、自社製品の製造ラインを動かして、製品を作る業務

↓

品質管理
生産ラインで製造した製品に異常がないかを確認するとともに、製品が出荷されるまで、品質を維持・管理する業務

（購買〜品質管理：製造部）

↓

受注先への販売
営業スタッフが受注してきた得意先からの発注に対して、自社製品を出荷する業務(販売時に納品書、毎月の〆日ごとに請求書を発行)

↓

販売代金の集金
得意先ごとに定めている入金サイトに基づいて、現金・小切手での集金、銀行振込などで代金を回収する

※サイトの説明についてはP236参照

↓

入金確認
経理担当者が回収した入金の確認を行う。仮に期日を過ぎても入金が確認できない場合、営業もしくは経理担当者から得意先への催促が行われる

（受注先への販売〜入金確認：営業部）

（お金〜入金確認：経理部）

会社って
こんな風に
お金が
流れてる
んだ〜

どこも鬼門!?
会社を改善するのってどの部署で…?
…全部だ
会社を財務的に改善するには大きく2つ
やーやっぱりムリだっっ
①適正利益を出すこと
②キャッシュフローをよくすること
—という話は決算書を見ながらするか
とりあえず決算書を…
ギ
経理部長にもらいに行ってこい
マジか!?
経理部
話は宮崎さんから聞いてるわ

採用担当者の福山
改め、経理部の福山です
こちらが本業なのよ
ちょうど新人に
業務を教える
ところだったの
彼女が
経理部に配属
された新人の―
伊藤さん
伊藤さん
経理部
だったんだ
そうよ
プイ
どうせ社長管轄の
プロジェクトチームの
あなたとは違うわ
…なんで
そうなるの?

ちなみにうちは3月決算でーす
ちなみに決算って何ですか?
セールですか?
バカじゃないの?
無言の圧力ハンパないっス!!
フツウ1年で会社は会計的な区切りをつけるの
この子は…
こういう子よね…
何月にするかは会社次第業種によって繁忙期は違うからね
あえて繁忙期を避けて決算月を決める会社もあるし
決算を規定の資料にまとめたものが決算書
ここでその年の売上高や利益、支払う税金の額がハッキリするわ
決算書
自 平成○○年4月
至 平成○○年3月
真心絆食品
株式会社
銀行がうちの成績を判断するいわば通信簿ね

銀行から最後通告が…
じゃ、じゃあその成績が悪かったらどうなるんですか？
やっぱり銀行との交渉に不利になるわよねぇ…
コンサル業とかはノウハウだけでコストをかけずに食べていけるけど
製造業はどうしても原価《コスト》がかかるしねぇ…
銀行からの融資が必要になるそのために決算書の数字を悪化させて
銀行の評価が下がるのは避けたいのよ
銀行からの最後通告っていうことは借りすぎて返せないってことかな…？
借金大王…？
こんな感じで経理で毎月会計資料を作って月次決算をやってるのよ

いっ今時手書きっスか!?
あれ…「利益」ってつくものがいくつも載ってるな…
売上総利益金額
営業利益金額
当期純利益金額
この何とか利益ってどんな種類があるんですか?
ヒソヒソ

a)売上	自社の本業で販売した商品･サービスの売上金額のこと
b)売上原価	販売した商品の仕入金額のこと。製造業の場合は、材料費や工場の人件費、それ以外の工場で製品を作るのにかかった原価として、製造原価がこれに該当します
c)売上総利益 ①	a)-b)で金額を算出。売上から売上原価を差し引いた差額の利益のことを指します。また、売上総利益という呼び方以外に「粗利益(あらりえき)」と呼ばれることも多いです
d)販売費 及び 一般管理費	商品を販売するための営業活動にかかった経費や、会社の運営を管理するためにかかった経費の総称のこと。人件費や広告宣伝費、事務所の家賃などがここに該当します。略称は「販管費(はんかんひ)」
e)営業利益 ②	c)ーd)で金額を算出。営業利益は、通常の営業活動で発生した利益＝「本業で稼いだ利益」といえます。この段階でマイナスが出ていると、本業の商売が軌道に乗っていないことを意味しています
f)営業外損益	本業以外に発生した収入や損失、金融機関との取引で発生した利息(受取利息･支払利息)や配当金などが計上されます
g)経常利益 ③	e)ーf)で金額を算出。経常利益は、本業に金融機関への借入金利息の負担なども差し引いた後の利益になるので、取引金融機関もこの経常利益を重視します。略して「経常(けいつね)」と呼ばれることも多い
h)特別損益 ④	臨時的に発生した取引で生まれる利益や損失のことを指します。土地や建物などの固定資産を売却したり、長期間保有していた株式を売却した場合などの利益や損失はここで計上されます。このように臨時的な取引による利益や損失を特別損益の部で反映することで営業利益や経常利益に影響を与えないようにしています
i)税引前当期純利益	g)-h)で金額を算出。この利益が税金を引く前の段階での利益金額になります
j)法人税等	国に納める法人税や、都道府県や市区町村に納める住民税、事業税等を計上します
k)当期純利益 ⑤	i)ーj)で金額を算出。税引前当期純利益から法人税等を差し引いた後の利益、これが最終利益といわれます

マーカーをつけた科目が利益よ！他にもチェックするポイントにはラインを引いたから
利益は全部で5つね

利益は出せるだけ出した方がいいんですよね？
払う税金もふえるけど
もちろんよ！そりゃあ黒字にこしたことないわね
そう簡単にはいかないわ
売上を上げるために販促や広告宣伝費がかかるだろうし
売上が上がっても、売掛金の回収が遅くてコストの支払いを優先してしまうと
当然のことだけど資金繰りがきびしくなるしね
つまり…？
ex
交通費なしだが日給1万円のバイトが決まる
10日で10万円!!
場所が遠くて交通費が1日2千円
10日で2万円か…
もうかるのは8万か…
支給日が翌月末…
その間貧乏!!

ボクそんなバイト実際にやりましたよ!!
じゃあ苦労がわかってもらえるわねー…
会社でもそんなことが起こるなんて
この科目には何が含まれてるんですか？
そうか伊藤さんは簿記2級だったわね
簿記とか!! 無知すぎるボク!!
この詳細がこれよ
新卒なんだから決算のことなんて知らなくて当然よ
そんな気にすることないって！
でもスゲー気になるんですけど
あ…あのそれで決算書は…
あっそうだったわね
キラン
決算書の管理は原口部長よ

威圧感がすごいんですが
あ、あの…決算書を…
その話は聞いている
経理の業務が何たるかを知らずに決算書を読みとくなんてっっ
私は認めない…
経理業務を覚えてから決算書を渡そう
……
…ハイ…

ラッキーー！
オレも教える
手間が省けるわ
教えてもらえー
…
ひっ
ドカッ
はい!!
これ過去3年分の
請求書と伝票!!
科目の整理は
しておいたから
はい!! じゃあ
給与計算!!
はい!! 次は
小口現金の
カンリでーす
数字が
ぐるぐる
まわる…
すごいですね
福山さん…
こんな大量の
業務をお一人で…
まぁでも
私は9年も
やってるし
それに来年
結婚するから
時短勤務に
させてもらうの
伊藤さんに
作業を引き継いで
いく予定よ

結婚おめでとうございます…！
製造部のベテラン池田さん
彼女には小口現金をはじめ、経理業務の補助をしてもらっているの

売上や仕入先など、毎月定期的にお付き合いのある会社は、日々の取引を集計して**毎月1回にまとめて回収・支払いを行う**ようにしているんだけど

日々の細かな社内の経費については、その都度精算できるように、社内で各部署の担当者に現金を管理してもらってるの

これがその表よ

日付	科目	摘要	収入	支出	残高
					52,305
4月10日	通勤旅費	原口部長　通勤定期代１か月分（Ａ駅⇔Ｂ駅間）		14,800	37,505
4月10日	衛生管理費	工場用清掃モップレンタル料（××モップ）		1,000	36,505
4月10日	接待交際費	真田社長　得意先Ａ社社長と会食（レストラン△△）		4,200	32,305
4月10日	普通預金	Ａ銀行普通預金より出金	100,000		132,305
4月10日	福利厚生費	食堂用　お茶　ホームセンター○○		525	131,780
4月11日	通信費	８０円切手５０枚　□□郵便局		4,000	127,780

製造部は人数が多いから大変そうですね…

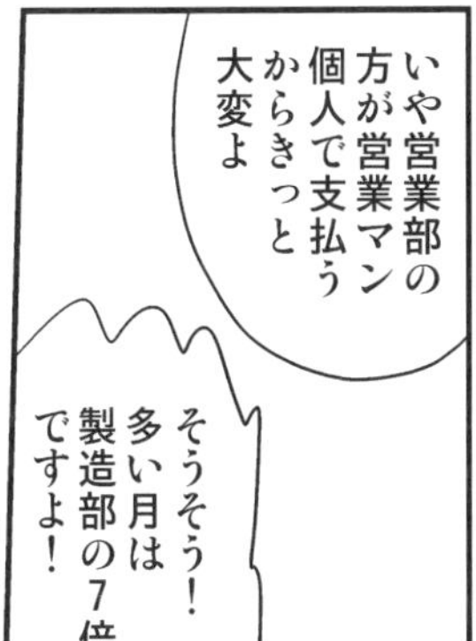
いや営業部の方が営業マン個人で支払うからきっと大変よ
そうそう！多い月は製造部の7倍ですよ！

毎月忙しい時期にいつも有難うございます
いえー
……

東京DIAMOND銀行
振込手配
ドキドキ
会社のお金動かすのって心臓に悪いですね…
部長の決裁をとってから支払ってるとはいえ
毎回気を遣うわね…
しかもATMとか。ボク普段スマホからしか振り込まないんですよねー
スマホオンリーなの!?
コンビニや自販機でも携帯から支払うんで財布持ち歩くの忘れちゃいますね
チャリーン
さすがIT世代だよね…
あ…締日だったのに
今月もいくつか売掛金が入ってないわ…
売掛金って？
伊藤さんならムシされてるわよ
売上として計上してるけど未回収のもののこと。文字通り、売り掛けている売上金のことね。そろそろ自習もしようねー

はい、以上が私の担当している支払い管理の部分
バトンタッチして加藤さんの
売掛金管理の説明に入るよ！
ところで君は我が社のバームクーヘンを食べたことがあるかい？
ハッハイ大好きです
ドキ
ボクもさ…
このお腹は真心絆食品へのあり余る愛情だよね…
ポヨン
そのバームクーヘンがどこでいくつ売れてるかわかるかい!?
ドーン
今やHPで全国へ…
また、OEMとして地元●●の商品として売られているのだよ
今、こうしている間にも売れ続けているのだ！
うん
うん
それを一元管理するソフトがコレ！
手書きじゃないんですね
販売マンZ
20XX版
販売管理
個数
データ
連動

ナルホド…これで見ればどこで幾つ売れたかわかりますね
在庫もリアルタイム変動するのさ
すごい数売れている…
売上が上がっても
この売上のお金が入ってくるのはいつなんですか?
…債権回収は営業の仕事だしなかなか思うようにはいかないのさ…
とくに規模の小さな取引先だとね
営業——
会社の資金繰りを考えて早期回収を…
何度か交渉してるけど…思うようには進んでないね
取引先との関係性もあるんだよ!
原口部長はそれもあって一時、銀行の融資に駆け回っていたし…
はいコレソフトを帳票に書き写してね
ギャァァ
やっぱりー!!
3週間後
お…おわりました…
手が…

パチ
パチ
おつかれさま…
がんばったね…
最初はただの数字だと思ってたけど…
書いてるうちにお金の流れがわかった気がします…
経理ってすごい仕事ですね
…フン

やっと
もらえたか
決算書
―ここに
3期分
決算書
実際の業務を
やってみて疑問
とかあったか?
そうですね…
最初に思った
のが
あの大量の資料を
1カ月でまとめる
スピードはすごい!!
月次決算は社長の
最大の要望だった
からな…
…でもあの速度
みんなすっごい
ムリしてますよ…
…だろうな…
うーん…
他は?

あっそうだ！
宮崎さん、伊藤女史と知り合いですか!?
うちで研修生《インターン》してたからな
宮崎さんの会社でインターン!?
オレがコンサルをするという事で彼女はこの会社を知ったんだ
ガーーン
じゃあ何でこのプロジェクトに参加させなかったんですか!?
だって嫌われ役させるの可哀相だろー
オレはいいの!?
さらにガーーン
他にはないのか？
グッ
先月の月次資料を作りました…でも
売上も好調で利益も上がってたんです!!

ほう…
…それで？
でも原口部長はずっと頭を抱えてたから何か問題はあると思うんです…
お前はどこが問題だと思うんだ？
うぇっ!?わかってたら聞きませんよ…
あ…でも伊藤さんが
売上が上がっても資金繰りは苦しくなるって言ってたな…
たしかに…営業が債権回収をしてて売掛は入金されず残ってた…
でも何となくボクが感じてるのはもっとゾクゾクするような…
……
待つこと5分。何も出ズ。
ここが限界かな…
うちの母は…
小料理屋の経営をしてるんですけど…

ほとんど一人で接客して料理作って掃除して仕入れして…
毎日売上を帳簿につけてた…売上が下がったら
経費を切りつめてツケを回収して帳尻を合わせてた
…そうか
全部のお金を誰も把握できていないんだ
売上通りにお金が入ってこなかったり
どの部署でいくらかかったのかも払ってみないとわからない
どれだけ大急ぎで資料を作っても1ヵ月遅れてる
今、この時点の利益も現金の増減もわからない
これって怖くないですか!?

あれ!? ボクやっぱり
とんちんかんでした?
あ、いや…
こいつの今の考えは
経営者目線に
近いんじゃないか?
…確かにそうだ
こいつは…
もしかして
逸材かも…
今のシステムだと
緊急の問題が
起きた時に
社長の対応が
遅れる
可能性がある
じゃあ社長に
全部管理して
もらったら?
逸材
やっぱり
気のせいだ!!
会社にはそれぞれ
役割があってだな…
社長に正確なデータを
出すと共に、経営判断の
選択肢をいくつか
提供するのが財務の役割で
社長は会社全体と
社会の状況を見据えて
その中から最善策を選択して
決断するのが仕事だ
規模や職種にもよるが
社
財
データ
あっち!!
ハイ!!

…お前、もうしばらく経理部で修行してこい
不安だわ
えぇっ!?
お前にできる改善があるか考えてみろ
宿題だ
決算書もよく読んでみな
ボクにできること…？
経理知識も少ないし、まだわからないことばっかりなのに…
伊藤さんの力が借りられればな…
…しかし嫌われまくってるもんな…
原口部長…？

遅くなって すいません コレ…
決算書か そこに置いて 帰りなさい
最新!!
IT実践 マニュアル
これ…？ 覚えるんですか？
少しでも効率が 良くなれば
…福山君が 時短勤務になるし…
安心して 休めるだろう

あ
ボク
この会社
好きになれそう
グッ
そうですよね！ITなら結構得意です
はぁ!?
ボクも一緒に考えます！

この支払サイトは統一したいよね！
これはこのカテゴリに…
…おはようございます…
伊藤さん！
なっ…何してるの？この付箋の山は…
思い切って紙の帳簿をやめて
経理システムを見直そうとしてるんだ
販売管理
手書き伝票記入
入金銀行
IT導入？
ソフト？
月次スピード
採用兼任

どうやって…
ITツールをフル活用する
手書き処理をやめて経理業務も合理化してそのうえでITツールを活用したデータ管理に切り替えができれば
もっと早くに月次決算書を社長に見せることができる!!
オレだけじゃ絶対ムリだから伊藤さんにも協力してほしい
ふーん…
じゃあ前々から思っていたことを言わせてもらいます!
おぉ!
意見は言い合おう

経費精算を小口現金で処理するのはやめて
月末で締めて翌月の給与振込時に一緒に振り込む方法に変更しましょう
スッパリ!!
これで小口現金の管理の手間も省けますし振込の手続きも一回で済みますので
キャー
伊藤ちゃんオトコ前!
おおぉおっ
……
…あいつ…人を巻き込むのがうまいじゃないか
第一回財務改善ＰＪ発表会
あっあっ…
えっと…

…今から発表をはじめまっす…
ハラ
ハラ
声小さい!! 顔上げろ!!
イラ
イラ
イラ
ダメだ、聞いていられない
…経理部より…
月次決算の完成速度を上げるため、経理業務の合理化に着手します
まず、これまで小口現金で日々経費の精算を行っていましたがこれを廃止。
毎月月末で締めて翌月の給与振込と同時に精算します
次に、振込手続きですが銀行のATMでの手続きをやめて全てネットバンキングでの処理に移行します
銀行
BANK
スピードアップ!
ネットバンキング
自動集計
会計ソフト
伝票の手書き
また、伝票の手書き処理を廃止し、全て会計ソフトでの処理に統一します。
これによってインターネットバンキングのデータを自動仕訳ソフトで取り込めますので会計ソフトでの処理も効率化します

以上により現在1カ月後に完成している月次決算を10日後までに短縮します
経費
部門別
商品別
担当者別
見直し!!
それと経理業務を合理化する一方で経費についても部門別、商品別、担当者別に精査し、コストの見直しを行います
あの子かわいい…
最後に、売上についてですが
短期間でよくやったこの調子で頼むよ!!
ポーン
業務管理のため売上区分を「担当者別」「商品別」に変更します
以上で報告を終わります

これらのアイデアはプロジェクト担当の向井さんが中心となって決めてくれました
各部門のみなさんご協力お願いします
じーん
大々↓
ありがとう伊藤さん!!
ーフン
プロジェクトを開始してから2ヵ月でこれだけの改善が進められたとは
経理部
すばらしいことだ
さすが原口さんですすごく積極的に進めて頂いて…
私こそ新しいやり方が勉強になりました

IT化については向井のおかげで進んだしな
本当ですか!?
…他の部署の改善はここより困難だろう…がんばれよ
はいっ!!
第3章　完
オレたちナイスコンビ♪
きもっっ

ある日の伊藤の悪夢。
かわいいい!!

宮崎先生の
財務
補習授業

第2講

会社が健康になるには？体重計＝財務データ!?

向井…お前はまだ若いからメタボにならないと思ってるんだろう
…宮崎さんお腹が出てきたんですね

自分の健康も大事だが会社の健康も同じように大事だよな
会社の健康？

人間が生きていくには栄養のあるものを食べる必要があるだろ？
経費
会社も同じように経費を支払う必要がある

なるほど。人間でいう運動は営業活動ですかね
おぉわかってるじゃないか

伊藤女史の財務用語解説
まだまだわかってないようね

財務指標

会社の決算書や月次残高試算表等の資料に基づいて算出された分析数値のこと。銀行も融資の際には、財務指標を確認して審査をしています

だが向井！
お前は健康であると胸を張って言えるか？
ええ！？

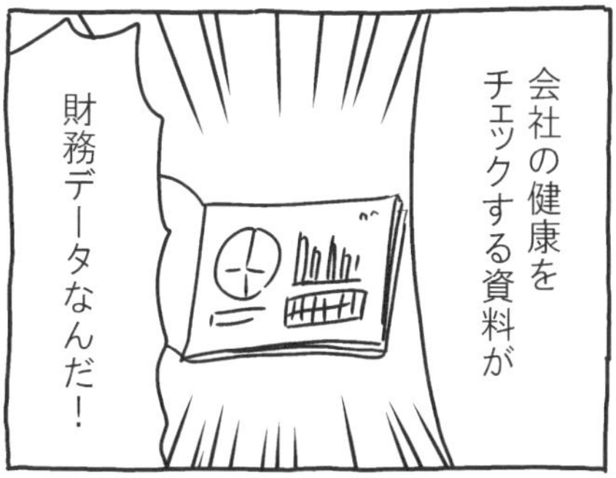
会社の健康をチェックする資料が
財務データなんだ！

うーん…たぶん健康だと…だって特に悪いところもないし…
チッチッチ

会社の健康をチェックする資料それが財務データ

甘い！なんとなくの感覚で健康だと過信するな
体重計に載り、健康診断を受けないとわからないだろ！

そうか！できる限りリアルタイムで財務状況を確認するというのは
ドキ
ドキ
毎日体重計に乗って体重や体脂肪を計るのと一緒なんだ！

小口現金

経理担当者が、日々の入出金で銀行に行かなくても対応できるように社内で管理している現金のこと。お茶代や交通費、従業員の出張時の仮払金等、細々した金額の経費を現金で支払うのに利用します

仮払金

社員が出張や買い物に行くのに、経費を使うのがわかっている場合、それ相応の金額を事前に渡して、物品や経費の購入にあてるために支給されるお金のこと。通常「仮払」と略されることが多いです

会社の財務指標は、いわば人間の健康指標と同じようなもの
あっ
これをいち早く把握し、そして数値に問題があれば即座に経営者にその情報が伝えることが大切なんだ

財務の重要性がわかったところで、ここからが補講の本題
正確なデータをリアルタイムで把握できるようにするための手段が、今回も経理部のみんなで取り組んでもらった…

「経理業務の合理化」

「ITツールの活用」

この2点になるんだ！

例を挙げると…

①現金を扱う処理を廃止

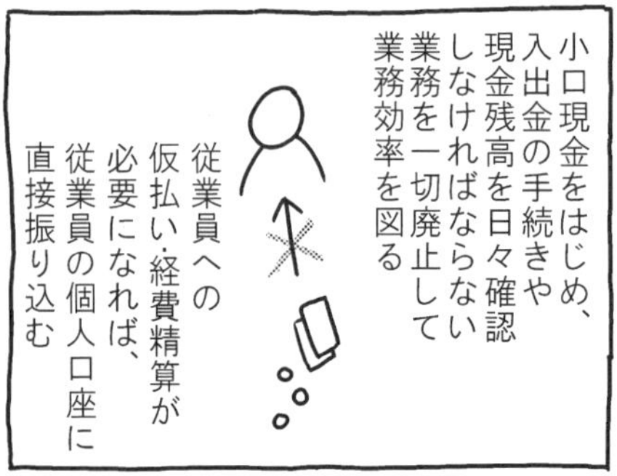
小口現金をはじめ、入出金の手続きや現金残高を日々確認しなければならない業務を一切廃止して業務効率を図る
従業員への仮払い・経費精算が必要になれば、従業員の個人口座に直接振り込む

②支払日・入金日・購入日を統一

経理と財務

どこまで経理、どこからが財務、と考えてしまう方もいらっしゃるかもしれませんが、経理はあくまで経理処理が必要な過去のデータを収集して管理する仕事で、一方で財務は経理から収集されたデータをもとに現状分析と未来予測を行うこと、またそれに関連して資金繰りや銀行交渉なども業務とされています

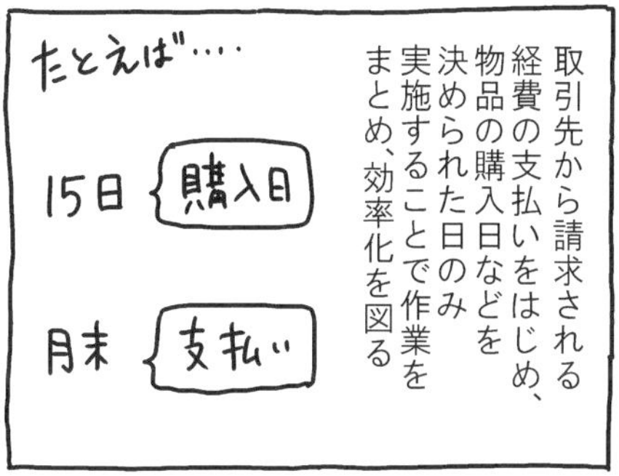
取引先から請求される経費の支払いをはじめ、物品の購入日などを決められた日のみ実施することで作業をまとめ、効率化を図る
たとえば‥‥
15日
購入日
月末
支払い

③手書き作業を廃止して、パソコンでの業務に集約

④銀行に極力行かず、インターネットバンキングで処理

経理担当者の、銀行までの往復時間の無駄をなくす
会社
銀行
BANK
BANK

⑤インターネットバンキングからデータを取り込み、会計ソフトでの入力作業を自動化

入力業務の無駄をなくす
自動！

資金繰り

会社のお金の状況を計画して、対応計画を練ることです。会社経営では通常、売上の入金や経費の支払いだけでなく、借入金の返済や、設備投資での出金等、多種多様なお金の入出金が発生します。これらを事前に予測して、手元資金がショート（不足）に陥らないようにするのが、資金繰りです

⑥パソコンでの作業時にモニターを増設して業務効率アップ

株のデイトレーダーのように、パソコン画面を複数設置することで、今まで以上に効率的に業務をこなせるようになるんだ

⑦動画を活用し、業務説明や研修の繰り返し作業を削減する

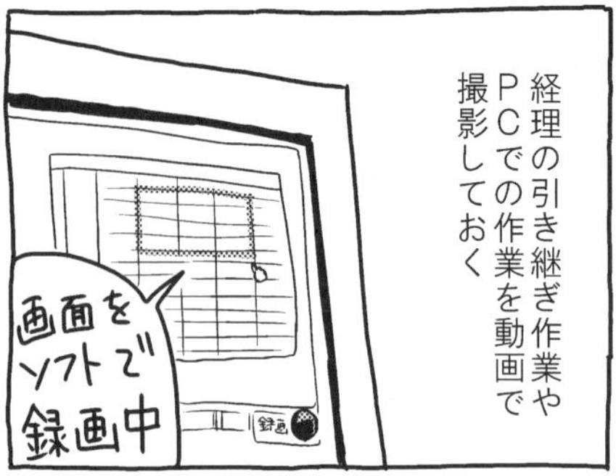
経理の引き継ぎ作業やPCでの作業を動画で撮影しておく
画面をソフトで録画中
録画

そうすることで、何度も同じ質問をしたり、同じ研修を行わなくてもよい環境を作れるんだ

⑧社内データについてはクラウド上で管理して情報共有を徹底

データやメール、
スケジュール、動画、
経費精算などのデータを
クラウド上で共有し、
効率化を図る
そうだな！
そして、仮に業務を
効率化できたことで、
作業時間に余裕が出る
担当者がいれば、
…といった感じで
これらはあくまで
一例だけど
少なくとも実践する
だけでも効果は
出てくるかな
自社の財務に
関する業務を
新たに任せたり、
他部署のフォローを
してもらったりと、
いろんな可能性が
出てくるんだ
なるほど
今回、真心絆食品でも、
これらの業務にチャレンジ
したおかげで、大きな
成果が出ましたよね
そうか！
業務効率化で
空いた時間は
会社がもっと良く
なるための時間に
使えるんですね！

Fourth Chapter

4

本当の数字は現場に行かないとわからない

財務データは、〆後10日で完成する
ようになったものの目標改善金額まで
依然1億円のまま…

残り　1億円

第4章

7月
MAGAZINE
徹底解説！原価計算
決定版 データで分かる原
図解！原価のしくみ
図解！原価のしくみ
1から覚えるコスト計算
原価管理を理解する
コストマネジメント
目で見てわかる原価入門
儲かるしくみは原価管理から
儲かるしくみは原価管理から
会計
ビジネス／会
休日を使い、会計本を探す自分が可愛い…
つっても宮崎さんに言われたからなんだけど…
読んどけよー
教えてもらってはいるけど知識がおいつかないからな…
CASH
会計シリーズ
原価率基本のキ！
飲食・製造は必読!!
原価率基本のキ！
頑張れば！
やるじゃない
伊藤さんも認めてくれるかもしれない！
目標が低い

IRISH CAFE
どうして私が財務改善プロジェクトのメンバーになれなくて
何もわからないど素人の向井君がメンバーなんですか？
ど素人…まぁ確かにそうだけど
あいつだってがんばってるしこの前結果も出しただろ？
向井のイメージ
ヘラ
ヘラ
結果!? 経理部の皆が力を貸したからじゃないですか！一人じゃ何もできない幼稚園児ですよ！
すごい言われよう…さすがに哀れだな…
知識的な部分は不足してるけどさ…
自分なりに考えているし
何よりこの会社に情熱と愛情を持っている…

それが人の心を動かすんだ！周りを巻き込む力を持ってるよ
君には経理部での大切な仕事があるだろう？新卒が即戦力として働けるのは貴重なんだ
ライバル心は胸にしまって向井に力を貸してやってほしい
………
わかりました…

では決算書の読み方を教える！予習はしてきたか？
いっ一応…
会社の財政状態を記録したものを「貸借対照表《たいしゃくたいしょうひょう》（通称ＢＳ）」という
この貸借対照表には以下の３つがある
ポイントをマーカーで引いて忘れないようにしよう！

貸　借　対　照　表

平成24年 3月31日　現在

真心絆食品株式会社　　　　　　　　　　　　　　（単位：　千円）

資産の部		負債の部	
科目	金額	科目	金額
【流動資産】	349,420	【流動負債】	157,660
現金及び預金	50,000	買掛金	22,330
売掛金	166,670	短期借入金	96,000
製品	77,440	未払金	21,330
原材料	24,010	預り金	18,000
仕掛品	17,760	【固定負債】	850,000
前払費用	13,540	長期借入金	850,000
【固定資産】	772,450	負債の部合計	1,007,660
【有形固定資産】	700,000	純資産の部	
建物	120,000	【株主資本】	117,810
建物附属設備	9,140	資本金	30,000
機械装置	423,000	利益剰余金	87,810
車両運搬具	13,580	その他利益剰余金	87,810
工具器具備品	35,280	繰越利益剰余金	87,810
土地	99,000		
【無形固定資産】	5,000		
ソフトウェア	5,000		
【投資その他の資産】	67,450		
投資有価証券	23,000		
差入保証金	37,500		
長期前払費用	6,950		
【繰延資産】	3,600		
試験研究費	3,600	純資産の部合計	117,810
資産の部合計	1,125,470	負債及び純資産合計	1,125,470

①
資産
流動資産
固定資産
繰延資産
②
負債
流動負債
固定負債
純資産
③

①・・・資産
②・・・負債
③・・・純資産

① 資産

資産って？

会社が持っている財産のことを指す。
現金、預金、売掛金、棚卸資産、土地・建物・機械装置などがこれにあたる。
また、資産は大きく分けて**流動資産、固定資産、繰延資産**の3つに区分される

流動資産
1年以内に現金化可能なものや正常な営業サイクルにあるもの

固定資産
1年を超えて保有するもの

繰延資産
会社が支出した費用だけど、その効果が将来にわたるもの

会社の資金繰りを良くするには、流動資産を増やす、その中でも現預金をいかにたくさん増やしていくかが大切になるんだ！

② 負債

負債って？

会社がまだ払っていない支払い（債務）のこと。
仕入先へ支払うべきものや、経費でまだ払っていないもの、
あとは**銀行への借入金の残高**もここに集約される

負債も資産と同様、1年以内に返済するものや正常な営業サイクルにあるものは流動負債、1年を超えて長期間で返済するものは固定負債に分類するんだ

③ 純資産

じゃあ純資産は？

原則として、会社の資本金と過去の利益の蓄積した金額がここに表示される

利益の総合計のことですか？ 資産から負債を差し引いたら出てくるのかな

そうだ。この純資産の金額がマイナスになってしまっている状態（言い換えれば、資産より負債が大きくなっている状況）を「**債務超過**」。
マイナスではないけど、資本金の金額よりも少ない金額の場合は「**資本欠損**」というんだ。いずれの場合も、**銀行からの融資は難しくなる**

また、負債と純資産の合計を総資本というが、その総資本に占める純資産の割合のことを「自己資本比率」という。この比率が高ければ高いほど、優良企業とされ銀行も融資に積極的になってくれるんだ

損益計算書

自　平成23年 4月 1日
至　平成24年 3月31日

真心絆食品株式会社　（単位：　千円）

科目	金額	
【売上高】		
売上高	1,000,000	
売上高合計		1,000,000
【売上原価】		
期首製品棚卸高	62,100	
当期製品製造原価	662,060	
合計	724,160	
期末製品棚卸高	77,440	
製品売上原価		646,720
売上原価		646,720
売上総利益金額		353,280
【販売費及び一般管理費】		
販売費及び一般管理費合計		322,250
営業利益金額		31,030
【営業外収益】		
受取利息	200	
雑収入	5,000	
営業外収益合計		5,200
【営業外費用】		
支払利息	25,500	
営業外費用合計		25,500
経常利益金額		10,730
税引前当期純利益金額		10,730
人税等		4,290
利益金額		6,440

損益計算書《そんえきけいさんしょ》（通称PL）は会社の経営成績を記録したもの

以前、経理部の福山さんに概要を説明してもらっている（第3章参照）と思うから損益計算書の見方を確認する

損益計算書の場合は金額だけでなく、「率」でチェックするのも重要になる

1）各段階の利益をチェックする（収益性）

売上を分母にしたものだと…

①売上高総利益率

売上から原価（商品を仕入れている場合は商品原価、自社で製品を製造している場合は製造原価）を差し引いた後の利益を、売上高で割ったもの

売上高 － 売上原価 ＝ 売上総利益

売上総利益 ÷ 売上高 ＝ 売上高総利益率

当然、高い方が望ましい。言い換えると売上高総利益率の低い商品を販売している場合は、たくさんの商品を売らないといけなくなるんだ

②売上高営業利益率

売上総利益から販売費一般管理費（会社が本業を経営するのにかかる経費）を差し引いたあとの数字が営業利益。この営業利益を売上高で割ったものが売上高営業利益率

売上総利益 － 販売費一般管理費 ＝ 営業利益

営業利益 ÷ 売上高 ＝ 売上高営業利益率

この数字が低い、もしくはマイナスだと本業が順調に運営できていないことを物語っている

③売上高経常利益率

営業利益から金融機関との取引や本業以外で発生した損益を差し引いたあとの数字が経常利益。
この経常利益を売上高で割ったものが売上高経常利益率

営業利益 － 営業外損益 ＝ 経常利益

経常利益 ÷ 売上高 ＝ 売上高経常利益率

この数字が低い、もしくはマイナスだと金融機関が新規融資や追加融資を渋る傾向がある

2)目的に応じて、部門別・商品別に損益計算書を管理する

会社全体の損益計算書を作ったあとは、これを応用する必要がある。
複数店舗や営業所を展開している会社では、店舗別や営業所別の
損益計算書を作ることで、各部門ごとの採算が把握できる。
また、商品別・製品別に区分することで、会社で使っている商品が
どれぐらいの利益を生み出しているのかが把握できる

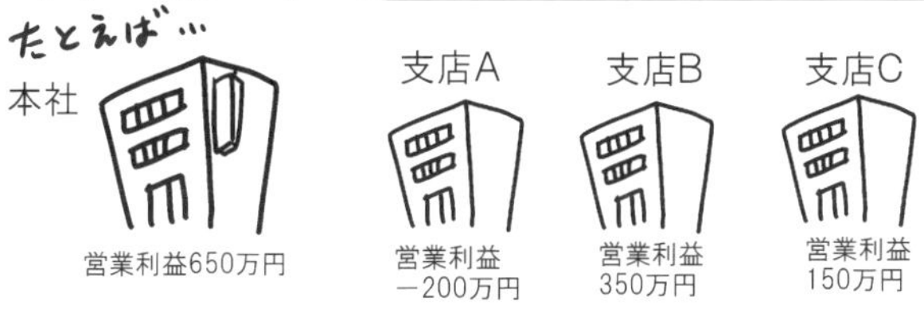

たとえば…
本社
営業利益650万円
支店A
営業利益
－200万円
支店B
営業利益
350万円
支店C
営業利益
150万円

→支店Aの採算見直しを行う必要あり！

真心絆食品の場合は
支店がないので
商品別、担当者別で
区分することに
したんですよね！

3)比較対象を明確にする

損益計算書で重要なのは比較対象を明確にすることで、
自社の課題が見えやすくなるというメリットがあるんだ

①過年度対比

過去の自社の実績と比較する方法。売上や経費の傾向を
過去の同月の状況や前月の状況などを比較して課題を抽出する方法

	2年前	1年前	今年	今期／2期前		今期／1期前	
				差異	率	差異	率
売上高	80,000	90,000	100,000	20,000	125.0%	10,000	111.1%
営業利益	4,517	3,460	3,103	−1,414	68.7%	−357	89.7%
売上高営業利益率	5.6%	3.8%	3.1%	−2.5%	55.0%	−0.7%	80.7%

⚠ **POINT**
数字で見ると売上は
上がっているが、営業
利益と営業利益率が
年々下がっているの
がわかる

②予算実績対比

会社全体の年度予算を立てて、それを月別・商品別・事業所別、
場合によっては個人別などに細分化する方法

	A部門			B部門			全社		
	予算	実績	差異	予算	実績	差異	予算	実績	差異
①売上高	50,000	48,500	−1,500	40,000	43,000	3,000	90,000	91,500	1,500
②売上原価	20,000	19,000	−1,000	16,000	17,500	1,500	36,000	36,500	500
③売上総利益(①－②)	30,000	29,500	−500	24,000	25,500	1,500	54,000	55,000	1,000
売上総利益率③÷①×100	60.0%	60.8%	0.8%	60.0%	59.3%	−0.7%	60.0%	60.1%	0.1%

⚠ **POINT**
全社では予算数値を
上回っているが、
部門別にみると、
予算が未達成の箇所
が見受けられる

③同業種対比

自社と同業種の財務指標をもとに、自社の損益計算書における
課題を抽出する方法

※生産性の財務指標	同業種	自社	差異	※安全性の財務指標	同業種	自社	差異
労働分配率 （低い方が望ましい↓）	50%	40%	−10.0%	自己資本比率 （高い方が望ましい↑）	20.0%	10.5%	−9.5%

⚠ **POINT**
同業種に比べて
生産性は高いが、
安全性は低いこと
がわかる

「製造原価報告書《せいぞうげんかほうこくしょ》」
これは製造業限定で製品を作るのにかかった原価を記録したものなんだ

材料費

自社が販売する製品を製造するにあたって、仕入れた材料代のこと。
真心絆食品の場合は、食品の材料代と食品の包装資材が該当する

労務費

工場で働いている従業員の人件費のことを労務費と位置づけている。
これに対して、営業部や総務・経理、マーケティングの担当者などは販売費及び一般管理費の中で人件費を計上する

その他製造経費

工場で発生するその他経費のこと。
工場の地代家賃や外注加工費などがこれにあたる

製造原価報告書

自　平成23年 4月 1日
至　平成24年 3月31日

真心絆食品株式会社

科目	金	
【材料費】		
期首材料棚卸高	21,330	
当期材料仕入高	337,680	
合計	359,010	
期末材料棚卸高	24,010	
材料費合計		335,000
【労務費】		
給料手当	68,720	
賞与	9,400	
法定福利費	7,340	
福利厚生費	1,600	
労務費合計		87,060
【製造経費】		
消耗品費	7,130	
消耗工具費	9,000	
水道光熱費	13,620	
減価償却費	160,000	
地代家賃	44,000	
租税公課	1,230	
保険料	6,390	
製造経費合計		241,370
総製造費用		663,430
期首仕掛品棚卸高		16,390
合計		679,820
期末仕掛品棚卸高		17,760
当期製品製造原価		662,060

上記3点の経費が製造原価を構成するわけだが、単純に購入したもの、かかった**経費の合計で製造原価が決まるわけじゃない**んだ

えぇ？ 経費の合計だけじゃないんですか？
うーん…じゃあ作った分だけが原価になるってことですかね？

ちょっと近いな。原価というのは、あくまで**売上に対応するものが前提条件**。
なので、材料を仕入れただけ、作っている途中のもの、完成しているけど販売できていないものは**在庫という扱いになって、先ほどの3つの原価の合計から差し引かれるんだ**

※主な在庫

材料

購入したものの、使用されずに購入したままの状態で保管されているもの

仕掛品

製造工程に投入されているものの、その製品は完成しておらず、製造途中の状態になっているもの

製品

製造が完成し、製品として出荷可能な状態になっているもの

…以上が決算書と製造原価に関する基本的な見方と考え方だ
本を読めばわかる部分も多いだろうが…
決算書の読み方を知ってるだけではこの会社は救えない…
お前が気付いたところはあるか？
真心絆食品株式会社
科 目
【売上高】
売 上 高
売 上 高 合
【売上原価】
毎月の売上は上がっているがそのお金の入金が遅れ気味…
【材料費】
期 首 材 料 棚 卸 高
当 期 材 料 仕 入 高
期 末 材 料 棚 卸 高
材料在庫、製品在庫が膨大だけど詳細がわからない…
短 期 借 入 金 96,000
未 払 金 21,330
預 り 金 18,000
【固定負債】
長 期 借 入 金
純 資 産 の 部
借入金総額が増えている…
しかもこのまま返済を続けるのが難しい…

ちゃんと勉強してきたな
多額の借入金は前期の設備投資の資金にあてられた
社長は何故こんな多額の設備投資を――!?
銀行が見るポイントは大きく3つ
利益が出ているか
不良資産が含まれていないか?
売掛金がきちんと回収できているか
これらを参考に会社が提出する決算書とは別に
銀行は独自のルールで決算書を査定する

それをもとに会社を評価するんだ――
昨年の融資はメインバンクから今回が最後だと念を押された
メインバンクが手を引けば他の銀行も一斉に手を引く…
この1年で財務体質を改善しないとこの会社に未来はない

1年
逆に言えば1年の猶予《ゆうよ》がある
この間に財務改善を行うんだ!
数字の中に必ずヒントが隠されている!!
数字って決算書のことですか!?
そうだ
だが、前年までの決算書の各科目がどういった内容で構成されているかがわからない
お前が言ったように在庫のアイテム数は全く掴めていない
細かい数字の拾い出しが必要だ・・・在庫に至っては気の遠くなる作業だろう
だが本当の数字は現場にある!!
1年しかないのに——
今までこの会社は何をやってたんだ!?
ガタ
それオレがやりますっ!!

オレだけがこの会社でフリーなわけだし動き回りますね！
ちょっ…向井焦るなって！
早くやるに越したことないじゃないスか!!
会議室2
製造や営業に行くなら社長を通してからにしろよ！
…しまった煽りすぎたかな？
しかしあいつみたいに既存のやり方に振り回されない人間が社内には必要なんだ――…
社長室
コン
コン
社長！ 向井です！

あぁ向井君 財務改善プロジェクトの件かね?
はい…各部署の部長にお話を通してほしくて…
ちょっと今から社長同士の会合があるんだよ
会社があと1年の瀬戸際なのに──…
部長へは私から連絡をいれておくから! 頼んだよ!
大体、こんな状態になったのは社長の無茶な投資のせいじゃないか!!
いっつも会社にいないし財務改善プロジェクトだってボクと宮崎さんで進めているし…無責任じゃないか!!
山川営業部長いますか!!
部長は外出中やで
営業部
薬師寺《やくしじ》
営業5年目

デカイ!! 大阪弁!? もみあげ!!!
お前…新人の向井やろ 財務改善プロジェクト やってる
191 cm
はっはい! 向井 聡です!!
山川部長は いつお戻り ですか!?
部長は 外回りから 直帰の予定や
…仕方ないデス 出直してキマス
くるっ
まてまて
お前らが作った 営業売上の 商品区分と担当者区分
あの資料 営業では誰も 使ってないで
えぇぇっ!? あんなに 苦労して作った のに!?
そんなん オレら知らんし
全体集会で 説明したじゃ ないですか!!

オレたち、営業部は売上を上げるのが仕事だ分析は経理に任せればいい
ブシュッ
…というのが山川大先生のご決断や部長とは反りが合わんけど、そこに関しては同意やな
そっそんな！業績管理もきちんとルール化しないと…
会社で一丸とならないといけない時に営業だけ自分たちの事を考えてるのってどうかと思います！
こんな頭でっかちだから、悪い体制が変わらないんだよ!!
売上を上げないと会社全体が回らんやろ！
オレらが必死になって売上作ってるのに悪人集団みたいに言われるのはたまらんわ
オレら営業は人数が少ない中必死に売上を作ってきた
社長に人員増加を頼んでも融資は全て製造部の投資に回されたんや

営業は会社の柱やろ!! ないがしろにされて 作業だけ増やされて…
新人に偉そうに指示されたないわ!!!

…フン…言い返されへんか…まぁお前には根拠がないんやろな
社長とコンサルタントから言われたことやってるだけで偉そうな顔すんな!
グッ
…社長から聞いてる…在庫の管理がしたいんだって?
はい!
うちの商品数と材料の平均数を教えてください
商品数は定番もので6点季節変動もので10点
平均って言っても…商品による…多いもので15種類少ないもので8種類かな
へー結構使われているんですね

案内はするが数えるのは手伝わないからな
お
工場を抜けた部分にストックされた材料在庫の棚がある
定番商品に兼用で使用するよく使うものはコチラにある
ん？
定番6点
×
材料平均
11.5種
69 !?
下が粉もの上が固形のもの
おおおぉおっ これ全部ですか!?
一部だ

予想をはるかに上回る多さ…
まだ搬入路の向こうに
倉庫があるからな
言っておくが在庫が多いのは単価交渉の末ロットで買わざるをえなかったからだ
少しでも金額を下げようと単価交渉しての結果なのに…
社長も経理も製造部をお荷物のように思ってる
まず商品を作らなければ営業も売ることができないのに…勝手なもんだぜ！

え？今から倉庫に行きたい？
もう遅いですし暗い場所なので明日にした方が…
まだ――
こんなに…
パッ
パァーー
ピタッ
ギャーーッ!!
トラウマ!
バターン
新人…何してんだこんな所で
山川部長っ!?

直帰かと…
車だったし資料とりに来たんだよ
倉庫の在庫を数える!?
はい…でも膨大で…しかも皆ぜんぜん協力的じゃないし…みんな帰っちゃうし…
あ、ボクが怒られるのはいいんですけど
みんな社長への文句をボクにぶつけてくるのは勘弁してほしいですね…
それが一番モチベーション下がるっていうか…
お前が失うものなんか何もないよ
実績も自信も関係性も何も持ってないじゃないか

お前を見込んだ
社長の信用が
失われていくだけだ
伊藤君
まだ残っていたのか
経理部
カタ
カタ
だ、大丈夫です
まだやれます…
根を詰めすぎると
パフォーマンスが
落ちる。帰りなさい

フゥ・・・
在庫表が――・・・
ガサッ
もう・・・
いっ伊藤さん・・・

これは…製造部の…手書きの在庫？
う、うん…
さっき数えてて…倉庫の分がまだだけど…
材料在庫も必要だけど…製品在庫はなかったの？
あっ！ストック棚の手前にあった!! 製品在庫には全然気づかなかった…
…バカね
そっそうだよね よくわかってる！
今日も営業部の大阪人の先輩に言われたことだけやってる奴って言われたし…
営業の大阪人…薬師寺さんね 営業部のナンバー2よ 山川部長と対立してるって聞いたわ

対立…
確かに気に食わない
って言ってたな…
あの人をもし
動かせたら
業務管理の
ルールも…
………
そんなに
必死になって
どうするの?
この会社は
沈みかけの船
みたいなものなのに

決算書を見ればわかるわ
しかもこの会社の業績や体制が悪いのは…
全部社長や部長今働いている人たちの責任よ。みんな他人のせいにしてばかり
私たち《新入社員》が原因なことなんて一つもない…
こんなところで認められたってたいした評価にはならない…
早めに別の会社を探した方が自分のためかもしれないわ…
新人に偉そうに指示されたないわ！
社長も経理も製造部をお荷物のように思ってる
…伊藤さんの言う通りかもしれない…

でもここには
ボクを信じてくれた
人がいるから…
まだ諦めない
伊藤さんも…
もう少し
一緒に
がんばろうよ
来年の春…
この桜が咲いたところを
笑って一緒に見れたら
いいなぁ

…見れるに決まってるわよ…
バカ
マーケティングで面白いデータが出ましたよ
これをもとに商品開発できたらリーチしやすくなりそうですよね
営業部
まぁでも山川部長から許可おりないだろうな～…
そんなの製造に任せておけ
…………
いつまでも山川部長のやり方に固執していたら頭打ちになる…あの人を超えるならやっぱり別のやり方で…
…ん？
新着
社内Mai

向井です昨日の件は反省しました…
業績管理が必要なこと営業にとっても取り入れることにはメリットがあると思うのでボクなりに説明させてもらいます
添付/ダウンロード
カチ
これが昨年の商品別売上高のグラフです
もう一つは製造部の仕入れ発注のグラフ
1月
2月
3月
4月
5月
6月
7月
8月
9月
10月
11月
12月
季節に応じて商品の売上は変わりますし
発注先の要望を聞いている営業部はどの時期にどの商品の需要があるか、おおむね予想はできる筈です
しかし製造部との連携が悪かったせいか仕入れ数が少なく、売れ筋の商品の受注ロスが発生することが多々ありました
商品の売上予測ができるようになれば売上にも貢献できます！山川部長を超えられるかもしれません！
言葉が稚拙かもしれませんが
とにかくお願いします！協力してください！

…あれ？
薬師寺さん
何、一人で
ウケてるんですか？
個室居酒屋
酒や
花
…じゃあ
この夏の売上は
もっと上げられるん
ですか？
製造は生産する時
営業の発注をムシする
ことがあるからな
マジすか！
前年度個数とか
材料在庫で
判断しよるから
オレらも困ってたんや

季節によって売れ筋は変動するやろ？
夏は柑橘系が人気やし冬はチョコ系
なるほど！
ということは前年度より売上が下回った商品は多めに作られて廃棄ロスに…
製造はなんでかわからんけどラインが止まるのを嫌がるからなー
あの量の製品が廃棄されているとしたら…
わかってると思うけど、オレとお前が繋がってることは内密にな特に山川部長には
はい…でも山川部長ってどんな人なんですか？
山川部長は創業時に社長が他の会社から頭を下げて引き抜いたトップ営業マンやねん
入社以来売上トップを独走してるから誰も文句は言えない
営業体制もあの人が構築したんやけど
オレとしては個人の能力に依存するより
チーム体制の分業にした方が売上も効率も上がるし、リスクも減ると思ってる

ボクに協力するのって
クーデター的なことに
なるんでしょうか…
上等！ 男やったらトップ
狙わなどうするねん
昔からタイミング
狙ってたんや
食らいついてきた
お前の根性に
オレは賭ける
薬師寺先輩…
ところで
同期の伊藤って子
めっちゃ可愛いな
ブッ
思ってること
顔に出すぎやろ！
営業向いてへんわ〜
個室居酒屋
酒や
おはよう
ございます!!
あっ
社長!!
おはよう
向井君

キンチョー
今日から私も本格的に参加させてもらうよ
そっそうなんですか
宜しく頼むよ
今日から予算の見直しに入るからな
嬉しいな誰かと予算を作るのははじめてだ
え？
今までの予算はどうやって？
私の立てた中・長期目標から達成に必要な売上を算出経費の推移を確認して
表と数字に落とし込んでいったんだが…

しかし私の数字の認識が甘かったせいで…
会社をここまで追い込んでしまったことを大いに反省している…
私自身も今回のプロジェクトで経営者として生まれ変わりたいんだ
社長…
予算の作り方のアドバイスは私がさせてもらいますので大丈夫ですよ
社長の描く長期的なビジョンを書いてきてもらいました向井、どうだ?
すっごいですね!!

「人と人をつなぐまごころ」の理念で5年後にはカフェ
本場パリの職人留学制度！
社内研修の合宿！
夢いっぱい…
ココからリアルな数字に落とし込んでいきまーす
ああっ
1人当たりの生産性や、工場・事務所が必要になるか…など具体的にシミュレーションして現実的なものに変えていくんだ
たとえば…
目標
売上2億増加
どんなやり方で？
新商品開発
受注システム
営業人数増加
具体策は？試算すると…？
低価格高粗利
POSデータ管理
一人給料25万売上1500万
工場・事務所のスペース維持費用
社長、失敗ばかりじゃありませんよ
昨年の融資を製造ラインの設備投資に当てなかったらまごころバームクーヘンのヒットに商品供給が追いつかなかった
え？
社長は必ずヒットすると読んでいたんですか？
いや…創業から5年はOEM商品に特化していたんだが長く愛されるメーカーになるためには代表作が必要だと思ったんだ
高品質、高付加価値の商品が支持される市況がくると読んで
うちの理念を象徴するような商品の開発に取り組んだんだ…

完成時期と市況が合うタイミングを掴んだから5年先のことを考えて思い切って投資をしたってだけだよ
ごっ…5年先のことを考えて？
立場・役職が上がれば給料も上がるが責任も重くなる全体を見通す力が必要になってくる
未来へ
＊視座が違うと見える距離が変わってくる
10年先
5年先
会社の進む道
社長・役員
マネージャー・管理職
従業員
社長や役員は先を見通し会社を永続できる企業となるよう
人・モノ・金・情報をどうしていくか決断していくんだ
5年先、10年先の売上を創るのが
社長の仕事だ

ヒットは僥倖《ぎょうこう》だけでは無理ですよ
人員・設備・資金という資源が整っていて実現すると思います
ほめ殺しはやめてくださいヒットは続けていく方が難しいですし
経営ってスゴイ!!
向井君の意見もどんどん聞かせてほしい
はいっ!!
第4章　完

ある日の向井の悪夢。
あなたの新しいお父さんよ
よろしく
母
社長!?
ちなみにバツイチ。

宮崎先生の財務補習授業

第3講

食材×調理＝料理

決算書や試算表は調理できる!?

予算を立てるための7ステップ

①5年後、10年後の将来ビジョンをイメージして数値化する

(例えば、10年後に)
- 無借金経営
- 自社ビル建設
- 事業を全国展開
- 全社員で海外旅行など

社長

今日は予算の立て方について
予算を立てるには次の7ステップが必要だ
予算

イメージしたビジョンを数値化する

(例)現在借入金　1億円
↓
10年後　借入金　0円
(10年で1億円の利益が必要)

伊藤女史の財務用語解説

だんだん本格的になってきたわよ

変動費

売上の増減に伴って、増減する経費のことをいいます。仮に、売上が2倍になると経費も2倍、売上が半分になると経費も半分になるといった性質の経費です。
売上原価の中では材料代や外注加工費、また販売費及び一般管理費では売上に対して一定率で発生する販売手数料などが該当します

予算を立てるための7ステップ

②税引後当期純利益の目標値を決める

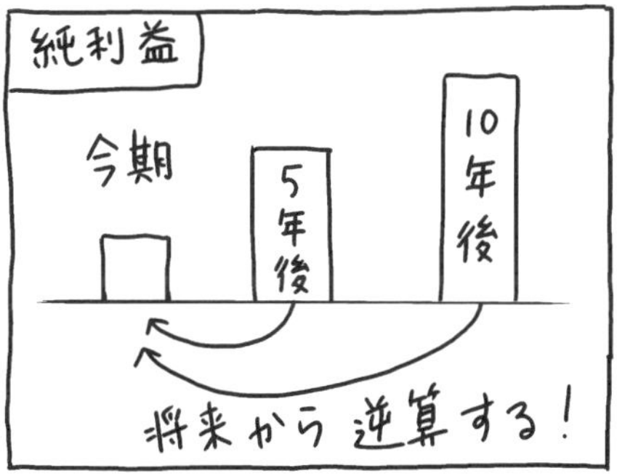
純利益
今期
5年後
10年後
将来から逆算する！

税引後当期純利益 ＝ 税金を払った後の利益

⇩

自社でストックできる利益!!

将来のビジョン実現に向けて、税引後の当期純利益を蓄積する！

予算を立てるための7ステップ

③経費を変動費・固定費に分類する

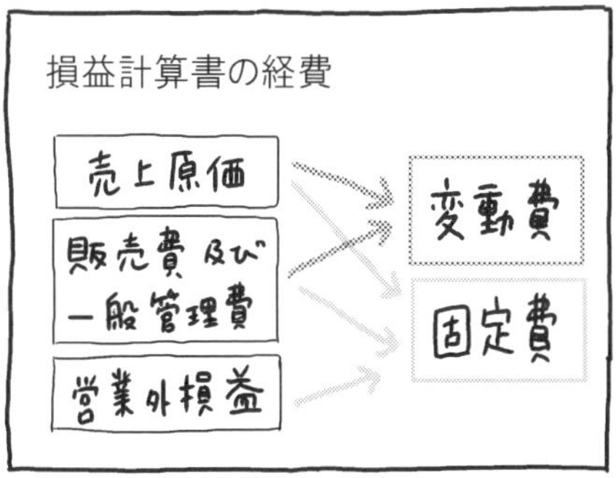
損益計算書の経費
売上原価
販売費及び一般管理費
営業外損益
変動費
固定費

変動費　売上の増減に伴って増減する経費
(例)材料代、外注加工費

固定費　売上の増減に関係なく発生する経費
(例)地代家賃

固定費

売上の増減に関係なく発生する経費のことをいいます。売上が2倍になっても半分になってもかかる経費は同額のものがこれに該当します。地代家賃、固定給社員の人件費、リース料や定額で発生する機材の保守サービス料等が該当します。

OEM

発注元のブランドで製品を作って発注元に販売すること。自社ブランドの名前は出さずに生産する点が特徴。食料品だけでなく電化製品など、幅広い業種で採用されている

予算を立てるための7ステップ

④限界利益の目標金額を決める

1)経常利益の金額を算出する

★ 経常利益
特別損益
税引前当期純利益
法人税等
当期純利益

↑ 逆算

2)限界利益の金額を算出する

☆ 限界利益
固定費
★ 経常利益

↑ 逆算

予算を立てるための7ステップ

⑤売上の目標金額を決める

変動費率と限界利益率を確認する

・変動費率
（売上に対して変動費が発生する率）

・限界利益率＝（1－変動費率）

売上
－）変動費
限界利益

限界利益率から逆算して売上の目標金額を決める

限界利益

売上から変動費を差し引いた後の金額のことを限界利益といいます。「限界利益」という言葉は、経済学の用語からきていて、企業が生産量を1単位増減させた際に、利潤にどのような変化が出るのか？という意味で使われており、日常会話で使う「限界」とは言葉の意味が違います

季節指数

年間売上に基づき、各月の売上予算を決定する際に利用する指標のことです。これは、毎月同じ金額の予算を設定するのではなく、過去の実績や、今季の商品展開や市場の動向を踏まえ、その月の売上予算を決定するのに役立ちます

予算を立てるための7ステップ

⑥売上を季節指数に応じて分解する

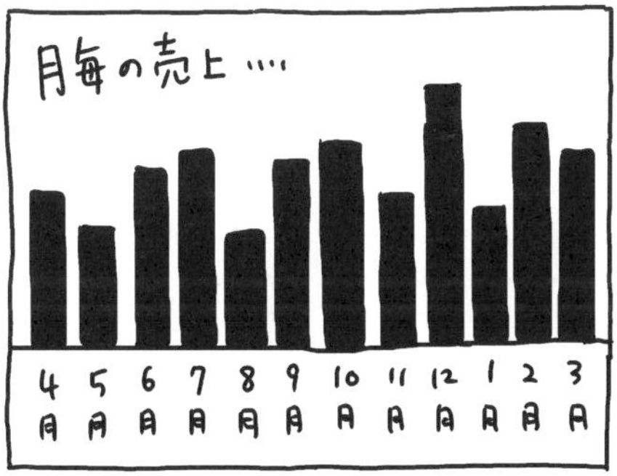
月毎の売上….
4月
5月
6月
7月
8月
9月
10月
11月
12月
1月
2月
3月

・過去の実績
・今期の見込状況
・自社をとりまく環境
（近隣にライバル店出店など）

→月別の売上金額を決定!

予算を立てるための7ステップ

⑦全社予算を部門別に分解する

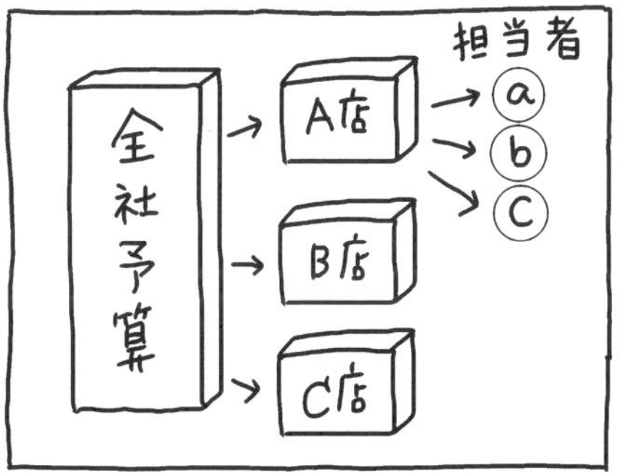
全社予算
A店
B店
C店
担当者
ⓐ
ⓑ
ⓒ

根拠のある予算数値

↓

責任の所在が明確化

不良資産

決算書の一つである貸借対照表に計上されている資産項目のうち、帳簿価格よりも実際の価値が下回っている状態の資産のことです。長期間回収できていない売掛金や陳腐化した在庫、時価が著しく低くなったゴルフ会員権など、時価が帳簿価格を下回っているものが不良資産と位置づけられます

日々の勉強
積み重ねが
大事よね

以上が予算を立てる上での7つのステップだ
向井、何か気づいたことは？

イメージしていたのとまったく逆でした
将来から逆算したり利益から売上を決めるというのも不思議でした

そうだな予算は二つの逆算が必要なんだ

①未来からの逆算

②利益からの逆算

ところで向井は料理するのか？
はぁ…実家が小料理屋していることもあって、子供の頃から自然と料理はしますね

今もお昼ご飯は自分で弁当作ってきてますよ
イイネ！
おお！弁当男子かじゃあ話は早いな。

ドーン
お弁当に調理されていない食材がそのまま入ってたらどう思う？

どうって、それはないでしょ。調理したおかずじゃないとお弁当箱に入れませんよ

これは財務の話にも言えることなんだが、
決算書や試算表といった資料も、実は食材でしかない

この食材をどう調理(加工)して、自分が食べたいおかず(見たいデータ)に置き換えるかが大切なんだ

今回の予算の立て方はまさにその事例と言える
ちなみに今日は変動損益計算書を使って予算を立てたんだ

そうか！決算書は未調理のそのままの食材…
これを調理して判断材料となるデータに変えることが財務のチカラなんだ！

「変動損益計算書」会社の損益計算書に記載されている経費を、変動費と固定費に分類して管理する方法だ

今回のように予算を設定する際に利用されるものだ

損益計算書
売上高
ー)売上原価
売上総利益
販売費及び ー)一般管理費
営業利益
ー)営業外損益
経常利益

変動損益計算書
売上高
ー)変動費
限界利益
ー)固定費
経常利益

予算を立てるステップとそれに必要なデータがわかりましたこの予算があれば会社がどこに向かえばいいのかわかりますね！

Fifth Chapter

5

原価率と在庫を改善せよ

会社が徐々に変わりつつあるものの
目標改善金額までまだまだ1億円のまま…

第5章
8月
よし!
向井! 内容をまとめて話してみろ
はい!
まず、金融機関への借入金返済や納税の負担を考えると
当期純利益で月間300万円 経常利益で月間500万円が必要になります
次に経費についてですが社長の掲げるビジョン・戦略に基づいて検証した結果、
少数精鋭で取り組んでいる営業部・経理部については人件費を現状維持で推移し
他の営業経費・管理経費もコストダウンできる部分は引き続き取り組むとして予算枠自体は現状維持とします
徹夜
これらの目標利益と必要経費の予算枠を確保するには売上総利益の確保が前提となります
現在の経済環境や同業他社の状況からすると売上の無理な拡大を図って価格競争に自ら巻き込まれていく戦略は避けて
自社ブランドの価値を確保しつつ確実に利益を得る方法を選択しなくてはいけません
となると、やはり現在の売上高であれば原価率の改善が必須といえます

原価率…
製造部か…
竹村がオオー
イメージ…
まごころバームは彼の開発研究の賜物《たまもの》だ
ただ職人気質でこだわりが強く採算を無視したコスト意識で何度か注意した…
製造部の社員で協力してくれる人間は？
売上高
あぁそれなら…
主力商品まごころバームの商品担当、谷本君…ちょっと癖はあるが製造部主任だ
購買担当は小沢君営業からの発注確認、材料調達をお願いしている
コンコン
失礼します伊藤です
少し宜しいでしょうか
※寝てない男3人
ザッ
スッ
いっ伊藤さん!?

何かな?
伊藤さん
コーヒー臭い…
向井君
お願いします
ガタガタ
ドキ
ドキ
ごめんなさい
コレ…
渡しそびれてて
背広着ました。
あ! 風で飛ばしちゃった在庫表
申し訳なかったので持っている分はデータ化したの
マジで!? ありがとう!
でもプリントアウトした時に——
原口部長に見つかってしまって…
ズウウウーン

何なのだ!!
あの大量の材料在庫は!?
あれだけあれば、賞味期限がきて
廃棄ロスになるのは必至だろ!?
ひぃーーーー!!
僕に言われても～～～
ゴメン…
今から竹村部長を
問いただしに行くぞ
たすけてー
ごめ…
オレがいってきますよ
あの大量の在庫は
どういうことだ?
数え方まで忘れたか…
いよいよお前が
廃棄ロスだな
ほぉ～お前には大事な
商品が数字に見えるのか
心もない、味もわからん
人間にはなりたくないね
ドーーーン
真心絆食品名物
クロスカウンター
会話

ややや
やめましょう～
おんびんに
はなしあえば
わかりあえますぅ
入社前のケンカも
めっちゃ怖かった
のに!!
トラウマー
…………
原口部長が言いたいのは
不必要な在庫が
ないのかな～って
ことです
今って材料を
製造部だけの判断で
その都度、発注
してるでしょ?
そうされると経理部
としては、資金繰りが苦しく
なっちゃうんですよね
ただ竹村部長は
材料費を安くする
ためには大量ロットで
買った方がいいから
それで多めに買わざるを
得なかったんですよね
でも保管コストも
かさばるし管理も大変だし
本当は嫌なんですよ

一人芝居むなしく平行線…
待ってください！
在庫が多い理由は他にもあるんです!!
君は？
購買担当の小沢です。昨年の震災の影響で一部材料の仕入元が被災してしまったんです
主力商品の製造ラインに影響があれば会社の生命線が絶たれたも同然です
事態がどう転ぶかわからなかった僕たちは最悪の場合を想定して材料を集めました…
竹村部長は倒れるんじゃないかってほど奔走《ほんそう》されて…
あの時に必死になって集めた材料を廃棄するのは僕たちだって辛いんです
……
小沢！もういいお前は下がってろ

天災が起こった時のイレギュラーは誰にもわかりません
むしろ材料廃棄だけで済んだのは幸運でしょう その判断は良かったと思いますよ
現状の廃棄予定の材料と製品を見せてもらえませんか？
…これが賞味期限切れの製品と材料だ
こっ…
こんなに…？

…震災の影響だけですか?
以前はこんなになかった…?
そんなことない
昔からこうだったさ
発注依頼
発注依頼
優先
営業からの受託個数が上がっていても
購買担当は竹村の意向を優先して発注してる
グッ
仕方ないだろ!
一つの材料でも足りなければ
命ともいえる製造ラインが止まってしまうんだ!!

製造部には14名のアルバイト・パートもいる
製造ラインが止まってしまうと彼らの仕事もなくなってしまう
彼らの生活を守ってあげるのも我々の仕事なんだ
製造部にはパートさんがそんなにいたのか……
どの部署も自分の部の人員を守ろうと必死なんだ……

グッ
お互いの言い分はわかりましたよね
どっちも間違っていない
どっちが正しいかの話し合いはする意味がない
新人が偉そうに！
君に上から目線で言われる筋合いはない！
すいません…上からではないんです…
会社の目線で話がしたかっただけなんです

会社の目線
活発な意見交換はOKですけど感情的になるのは時間の無駄ですよね～
数字で解決しましょうか
単価交渉して安く大量に仕入れた材料在庫。それが1年残っていたら
資金が眠ることになるし廃棄ロスが増えると結果的に原価率は高くなるので経理的には安くなっていないんですよ
そういう材料として価値がなくなったものを「不良在庫」
適正数量の在庫を「安全在庫」と定義づけしましょう
管理ができている会社は毎日在庫のチェックを行いますこちらでもそうしていきましょう
小沢さんは毎日在庫の入庫・出庫数の残高をチェックしてくださいね
は、はい！

「安全在庫」にしていくには発注量と適正数量の調査が必要です
NGパターン
もう材料がなくて持ってきてもらえますか？
はい、多めにお願いします
発注日から材料到着日までを想定して、
OKパターン
発注お願いします
個数は…
↓到着日
ちょうど無くなりそうでした
材料到着日時点の在庫で底をつきないように管理していく方法です
そうか、発注日時点での在庫で考えるから多めに発注してしまうのか
次に発注ルールですが…

買いたい時に買うのは控えましょう

うちの支払いサイトは、毎月末日で締めて、翌月末の支払いに統一

月末は極力仕入れを控えて、月初から月中にかけて製造に必要な分だけ仕入れを行う方法に変更しましょう

これで月中や月末に過剰な在庫を抱える必要はなくなります

あとは支払期日までに売上代金を回収するよう営業部に協力してもらえれば、回収した代金で仕入代金の支払いが行えますので資金繰りへの負担も大幅に削減できます

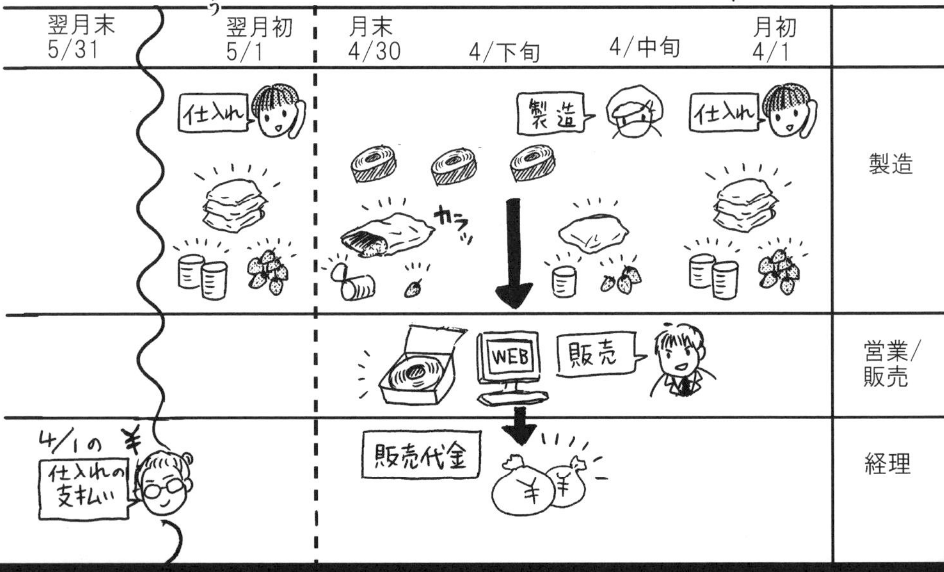
月初
4/1
4/中旬
4/下旬
月末
4/30
翌月初
5/1
翌月末
5/31
製造
営業/販売
経理
仕入れ
製造
カラッ
WEB
販売
販売代金
4/1の￥
仕入れの支払い

材料在庫も在庫金額と実際の製品ごとの販売金額や製造原価の金額が出せれば
回転率をチェックできますね
回転率の悪い材料を毎月見直していけばさらに適正在庫に近づきます
ス、スッゲ〜〜〜!!
さすが宮崎さんだ…
…フン
では竹村部長にも協力してもらってそのように進めていきましょう
お願いします!
……
やっぱりスゴイわね宮崎さんは

完璧な伊藤さんでもそう思うの？
完璧って…どこが!?
高校時代 マジメ
愛想悪いし、ガリ勉だし友達なんて従姉くらいよ？
えらんで あげる♡
イトコ ヨガインストラクター (29)
あれ？
また一人…？
遠目で見てるだけ
大学でずっと一人でご飯食べてるの私くらいだったし
…だから仕事で認められたいって気持ちが強くて…
会社の立場でなんて私は考えたことがなかったわ
あなたが宮崎さんに認められるのも少しわかったわ
え

…伊藤さんはもしかして宮崎さんのことを…？
ドキッ
た、確かに大人だし仕事できるし余裕もあるし…
ボクとは全然違うもんな…
とはいえ、頼りないから手伝ってあげてもいいわよ…
マジすか!? 頼りまくっていいですか!?
頼りまくるな!!
…といっても解決法は見つかったから、手伝うことはもうないかもしれないけど…
…解決法だけじゃダメなんだと思う
え？
腑に落ちていないと実際に導入はされないから…

ボクはあんな
スマートに解決策は
出せないけど…
地道にやってみるよ
担当者別の
売上と
売上区分を
出してみた
営業部
それとオレたちが
チーム編成した時の
シミュレーションを
比較しようと思う

薬《ヤク》師寺さん!!
いつのまに
こんな資料を!?
すごいじゃない
ですか！
はいはい
感想は数字
見てからにしてやー
っつーか
お前ら覚悟して
見ろよ？
担当者別の売上高は
案の定、山川部長が
ダントツや
山川
薬師寺
部長の得意先の
多くは大型スーパー
老舗の百貨店
大量受注が見込めるのが
売上高がダントツの
大きな理由や
オレは売上高だけを
目標にするのはやめようと思う
まごころバームは
単価が高いから
売上にはなるけど
原材料が高級品やから
粗利益率でいうと
うちの商品の中でも
低い部類やねん

次に粗利益額のグラフを見てくれ
おぉ
このグラフだと売上のグラフと違ってオレがトップ
山川
薬師寺
オレがよく売っているのは粗利益率の高い商品
ということは営業が売上だけを追いかけてたのは…
実は間違ってたってことですか？
そう…だからこれからは売上至上主義ではなく
協力して粗利益率の高い商品を重点的に販売していくべきやと思う
鬼のいぬ間に捕り物の算段か？
バッ

アポの日程がずれて来週になった
…都合が悪かったか？
や、山川部長！いやそんな全然！
部長があまりに偉大なので検証しておりました
お前らがチーム制について試行錯誤してるのは知ってる
オレより売上が出せるならやってみたらいい
…えらい余裕ですね…大丈夫ですか？
まごころバームはネットショップでも売れる商品だ営業が売るものでもないと思っているだけだ

ペラ
ペシッ
よく調べてる客観的なデータだな
お前がオレを唸《うな》らせる結果を出してみろ
本日から製造部の業務をお手伝いします宜しくお願いします!!
向井

フン
手伝いって
うちの作業が
増えるだけだろ
竹村部長！
これから
宜しくお願い
します！
大好きな
まごころバームを
自分で生産できる
なんて嬉しいです！
ガキーン
向井
お客様気分で
楽しんでる
んじゃない！
魂のこもった仕事だぞ!?
しっ
失敗した…
フン
噂の新人
向井君？
君…
近っ

製造部主任の谷本です★一緒にがんばろうね
ポン
あ、あなたが谷本さん!?
一通りの作業をパートさんたちとしてもらうから★
ポン
ポン
この人…距離が近いんですけど
並行して在庫確認と購買の方法を一緒にやろうね

おつかれさまー
彼…がんばってますよ。厳しい仕事なのに
もう3週間ですけど根気よく愚直に作業しています
みんなから竹村部長の話を聞きたがるそうですよ
これだけの商品をすべて開発しているんだ…
一つの商品にコンセプトと思い入れ
全て製造部が吟味した材料が入っている…
決算の数字だけじゃわからなかった…
それはまごころバームの材料だ

そうなんですか…
まごころバームの完全なレシピはオレと谷本と社長しか知らん
あの頃…
開発しながら遅くまで社長と話し合ったのは—
長い間かけて作った、マネができない看板商品だ…
うちの商品でどんな幸せを作りたいかだった…
この商品は理念を、「人と人をつなぐまごころ」を、形にしたんだ…

売上だの
利益だのに
振り回されて
本当に大切な
ことを忘れちゃ
いけねぇんだよ
最近じゃ
社長まで
利益利益って…
そ、それは…！
社長にも葛藤は
あったんです！
新しい
製造ラインへの
設備投資は
社長の意志です

社長は経理から反対されても営業から恨まれても
製造部の作ったまごころバームの生産に賭けたんです
会社を傾けるような危険な賭けだったのに
それを何もしてもらってないみたいに…
気付いていた…？
命ともいえる製造ラインが止まってしまうんだ！
竹村部長は倒れるんじゃないかってほど奔走されて…
だから製造ラインを止めまいと必死になって…？

社長の想いに
応えるために――
…まさか
新人から
社長の想いを
聞かされるとは
思わなかった
ポン
それが真心絆食品の
声なんだな

ありがとう
向井
…そうか…
オレも部長さんの
想いを汲んで
あげられなかったん
だろうな
偉そうに
言っておき
ながらな…
このザマだ
いえ、そんな…
それで…オレ
方法を考えて
みたんです
単純だけど…

竹村部長と
飲みにいくの
久しぶりですね★
い、いつもは
商品開発に
追われてる
からな！
たまには
いいだろ
ハハハ
何で照れて
るんですか
ここです
しゃ、社長!?
待ってたよ
竹村君
ムムッ！
原口まで…
まぁまぁ
いいじゃないか
たまには
ここは向井君の
お母さんが
やっているお店
なんだ
小料理屋
むかい
むかい

ボクたちは奥で食べてまーす★
いつまで立ってるんだ
無粋な奴め
若くないんだから酔い潰れて失態さらすなよ
カァ
む、昔の話だろ
ビール！
肉じゃが追加で
はい
ドスッ
山川君は家の事情で来られなかったが
久しぶりだな…この面子で飲むのも…

ピリリリリリ
はーい 春巻きできました
サンキュー
お店の奥がご自宅なんだねぇ★
向井君、お料理上手ですね
もしもーし
マジ美味いじゃん!
母に仕込まれたんですよ
おかわりっ!!
もう?
作戦会議やなかったんか?
何やねん! このTHEアットホームな感じは
いや～ん! 営業の薬師寺クンじゃないか! 感激★
？？？
え! 製造の? 距離近くないスか!?
よかったですね

やくしじさんですね
伊藤さん!?
もぎゃ もぎゃ
ゴクン
新商品候補の材料をピックアップしてまとめました
材料価格が高騰している小麦に
代わるものとしては米粉がいいかと思います
あとは薄力粉とか
新商品…
原価率が安い材料で構成できれば利益率は上がるよ

新商品候補として
イメージしているのは
ドーナッツかミニバーム
キーワードは
「家族や仕事場で
一緒に食べられる」
「健康にいい」
こういった内容が
含まれていると
正直営業として
売りやすい
ミニサイズか…
まだうちの商品群
にはないね
面白そう
ですね
製造の協力を
得られたら助か…

ちゃんと真心絆食品の理念にのっとったものにしましょう
「人と人をつなぐまごころ」
みんなで分けることができればパーティー感があっていいわね
うちらしいんじゃない
家族の健康を気遣うお家でも楽しめるといいですね
みんなでもっと意見出し合いましょう
ガーン
向井のくせにオレをビビらせるな!!
大切なことなんですよ!!
新人に言われなくてもわかってるよ…オレだって
魂感じるもの売りたいからな

かっこいい～★
ボクもがんばっちゃおうっと！
一緒に作りあげようねぇ
…確かに…
単純だが有効だな
一緒にメシを食うと
距離が縮まる
向こうも
久しぶりに
本音で語り
合ってるだろう
あ、あの…
何度数えても
個数が
合わなかった
んです
受注表と
商品在庫を
確認した
んですけど…
少なくて…

そうか…こっちでも確認しておきますよ
ありがとうございます
2カ月後
あの飲み会を経て、原口経理部長と竹村製造部長は和解したようで
ケンカはよくするが
協力して改善に取り組めるようになった
ざざざ財務改善プロジェクトの報告をさ、させて頂きます
不良在庫と安全在庫の定義を明確にして、資金繰りを踏まえた発注ルールを作成しました
アイドルのマイクの持ち方？

結果、原価率2％改善！
廃棄ロス50％減
在庫18％減
です!!
このペースでいくと材料の保管場所として借りていた倉庫も解約できそうです
わっっ
はじめて異なる部署が力を合わせて改善できた
プロジェクトもいよいよ大詰め…

営業部の債権回収だ

第5章　完

宮崎先生の
財務
補習授業

第4講

トイレットペーパーの買い方でわかる在庫とキャッシュ

今回の補講の前に、一つ質問
向井は自宅のトイレットペーパーを買うタイミングってどんな時?

そんなのスーパーかホームセンター、ドラッグストアの特売日に決まってるじゃないですか!

ただ購入個数に制限があるので、そういう時は家族総出で買いに行きます…
…本気だな

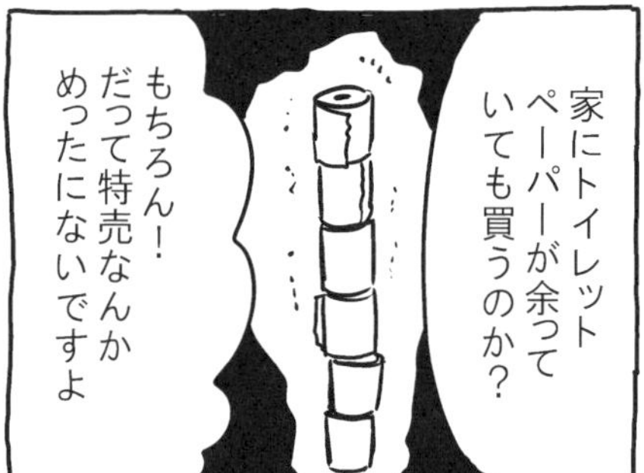
家にトイレットペーパーが余っていても買うのか?
もちろん! だって特売なんかめったにないですよ

伊藤女史の財務用語解説

製造販売の人は必読

在庫

決算書では貸借対照表の棚卸資産の欄に計上されます。代表的な在庫としては、材料(仕入れたものの、まだ製造ラインで使用されていないもの)、仕掛品(製造ラインには乗っているものの、作っている途中で完成していないもの)、製品(製造ラインの工程を終え、出荷できる状態の完成品のこと)といった内容に分類されます。また利用されておらず、社内に長期間残ったままの在庫を不良在庫と呼ぶことがあります

じゃあ、買ったトイレットペーパーは、どれぐらいで使い切る？
考えたことないですけど…結構期間はかかると思います。確かに買った後は場所も取るのでジャマではありますが
いつ使い切るかわからないものを単価が安いといってたくさん買って、
それを買ったこと自体に満足してしまい、最終的にはいつまでに消化するかもわからず、その保管スペースにも苦労してしまう…
まさしくそれが不良在庫なんだ！
ガーン
しかも、トイレットペーパーは腐ることがないけど、
食材の場合、材料としての使用期限がある。たくさん買っても腐ってしまえば終わりだからな
なるほど～
本当に最低限のものだけを安く仕入れることが大切なのか。我が家も日用品の買い方には気を付けます
もちろん、品質も大切だし単価が安いものを仕入れるのも重要だけど、それをどれぐらいの頻度で仕入れるかが大切なんだ。
これは会社の材料仕入れや在庫でも同じことがいえる

棚卸

会社にある在庫がどれぐらいあるのか、帳簿上で確認する方法を帳簿棚卸、実際にスタッフが在庫を数えて確認する方法を実地棚卸といいます。
実際には、帳簿棚卸で計算していたとしても、品質が劣化したり、破損したり、紛失したりするケースもあるので、定期的に実地棚卸をして正確な在庫数を把握しておくことが必要です

在庫の回転率と関係あるってことですか?

ダイエット!
だから締日の直前はもちろんのこと、日頃から手持ちの在庫を減らしておくことで、結果的にキャッシュフローが改善されるんだ

そうだ
在庫の回転率というのは材料を仕入れてから製品になり、その製品が販売されるまでのスピードのこと
ごちそうさま

仕入れと支払いとキャッシュの関係

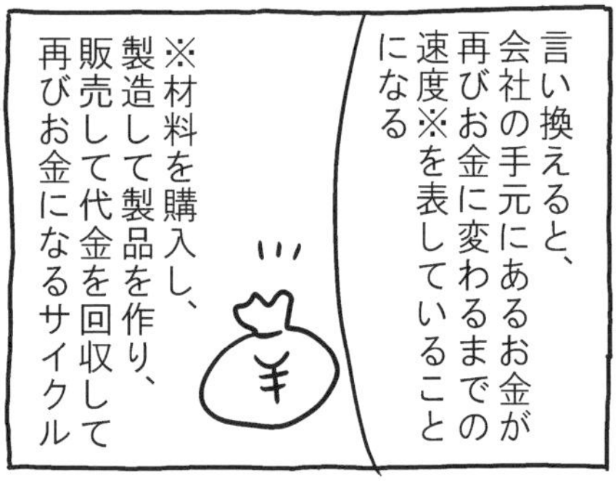
言い換えると、会社の手元にあるお金が再びお金に変わるまでの速度※を表していることになる
※材料を購入し、製造して製品を作り、販売して代金を回収して再びお金になるサイクル
¥

ボク、実はまだ先日製造部で解決した
在庫と仕入れとキャッシュの部分がよくわからないんですよ…

棚卸資産回転率

売上原価÷棚卸資産×100
で求めます。
これは販売した製品の売上原価と実際に月末で残っている棚卸資産(在庫)を比較して、回転率が高ければ高いほど、材料を購入してから製品が販売されるまでの速度(回転)が優れているといえます。
また、この棚卸資産回転率は、会社全体だけでなく、販売する製品ごとに計算することで、回転効率の良し悪しを製品ごとに判定することが可能になります。この算式では、売上原価を売上高に置き換えて算出する方法もあり、この場合は売上高と棚卸資産(在庫)を比較して、棚卸資産の回転率を確認します

じゃあ、復習だな。たまに、材料がなくなったらお店を閉める飲食店があるだろ？
宮崎食堂
売切
まだ
14時…
はい
これって凄く合理的な考え方だったりするんだ
え？どういうことですか？
この店はその日に必要な材料だけを仕入れて、食材は余らせることなく完売させる
1日分！
1日50食限定で、1人2,000円のセットメニューのみの販売とする
50食限定
¥2,000!!
ああ…そういう店を見かけたら、いつも不思議に思ってたんですよ
なんでもっと仕入れて売らないんだろう、売上チャンスを逃して損してないのかなって
しかたない…
別の店行くか…

締日

商品の販売や仕入れ、消耗品などを購入する際、毎日現金で取引すると、支払う場合は支払いの手間、回収する場合は回収の手間がかかります。そのため、1ヵ月に1回期日を設けて、1ヵ月間の取引を集計し、相手方に請求を行う際の最終日のことを「締日」といいます。

販売する側の立場に立つと、締日までに商品の納品を完了させようと努力しますし、仕入れする側の立場に立つと、締日直前は極力仕入れを抑えて、締日の翌営業日に取引を行うようにして、支払額を極力抑えるよう、取り組む傾向があります。

だいぶ成長したわね。その調子よ

でもうちの会社が抱えていたみたいな在庫は残らないだろ？
あ、そっか！
お金の回転速度はすごく効率の良い結果になるんだ！
キャッシュに関しては仕入れは月末に締めて翌月末日に支払うスケジュールだった場合、
お店を営業するごとに現金売上が入金されて、支払いは翌月末日に一括払いだと…
宮崎食堂の
かしこい
フロー
仕入れ
はい今日の材料！
業者
仕入れ代
1日 2万円
1ヵ月 60万円
翌月末払い
つくる
材料使い切る
在庫は
0 ゼロ!!
売る
いらっしゃい！
売上
¥2,000×50セット
1日 10万
1ヶ月 300万
¥300万
現金
支払い
翌月末
前月の分です
業者
60万
売上 300万
仕入代 60万
利益 240万

損益（収益と費用の差引残額）

	1日	2日	3日	～	29日	30日	月間合計
売上	10万	10万	10万	～	10万	10万	300万
仕入	2万	2万	2万	～	2万	2万	60万
売上総利益	8万	8万	8万	～	8万	8万	240万

やっと わかった!!
そういうカラクリだったんですね！
真心絆食品でも、仕入れた材料が適切に製品作りに使われているか、不良在庫になっていないかの確認は必要ですね
これだと在庫は残らないし、手元資金は日々営業するごとに貯まる
在庫0
キャッシュアリ
支払いは常に翌月末日にまとめて支払えるので、運転資金も不要！
よし！
だから材料の入庫時の確認はもちろん、定期的に棚卸をして、今の在庫の状況をチェックすることが必要なんだ
「入金は早く、支払いは少し遅く」
というキャッシュフローの考え方が成立するんだ
わかりました！じゃあ、うちの会社もこの考え方にのっとって、回転率を確認して、適正な在庫に抑えられるよう頑張ります！

Sixth Chapter

6

売掛金を回収せよ

・原価率2%改善（年間合計で2,000万円）
・在庫削減金額18%（2,100万円改善）
・材料保管用倉庫の賃貸契約を一部解約
（倉庫家賃・光熱費・管理費用：月額75万円）
×12ヶ月＝900万円

合計5,000万円改善

残り　5,000万円

第6章
バタン
11月
おはようございます!!
山川部長!!
…向井…
本日からしばらくの間、営業部でお世話になります
…あぁ債権管理の件だったな

ここに駐車されてたんですね！社用車ですか？
…オレ個人のだ
へーご自宅が遠いんですか？
頻繁に使ってたらガソリン代大変そうですね
…家族が入院してるんでしばらくの間だけ車で通勤させてもらってるんだ…
そうだったんですね
うちも父が入院してる時は高校から自転車で直接病院に行ってたなぁ
あ、うちの父はもう亡くなってるんですけど…
…仕事仲間のプライベートには興味がない

営業部
本日から営業でも財務改善プロジェクトに本格的に関わることになった
向井 聡です！宜しくお願いします
同じ社内の人間だ彼がいるからといってかしこまる必要はないいつも通りでいい
では先週の営業報告から
堂本です。今月の目標150万に対し契約35万Aランク95万Bランクなし
達成率23％今週はAを契約に上げる動きをしていきます
具体的にはどう行動するんだ？
再プレゼンを先方の希望である販促をからめたものに修正します
うっわー目標売上と達成率か…
さすがに営業はシビアだな

薬師寺目標300万
契約305万
達成率101％
さっすが薬師寺さん
新商品開発をしてても売上はしっかり上げてるな
→得意気
山川目標600万
契約420万
Aランク200万
達成率70％
え…？
ろっぴゃ…!?
確かに山川部長ダントツだ――っ!!
財務改善プロジェクトの打合せをしておこう
で、でも山川部長は債権回収が一番遅いんだ！
営業部にお願いしたいのは…
債権回収の部分です

経理と製造が協力して資金繰りを踏まえた発注ルールを使用しています
資金が回らないと最悪の場合黒字倒産します！営業部でも協力してください
今までは営業で管理する売上データは契約を成立させた時点で売上として計上
契約成立
売上計上
請求書 発行依頼
おねがいします
カタ
カタ
請求書の発行を経理に依頼。作った請求書を営業からお客様に渡していました
納品
請求書手渡し
ハイ
この仕組みですと営業が渡し忘れるという事もあり
この事が原因で入金遅れを招いていました
今後、売上の計上は契約ベースではなく、納品完了基準を徹底してもらえませんか？
契約成立
売上計上
納品
得意先の締日までに納品が完了したものを請求書に反映させる。そして営業からではなく、経理から請求書の発行・送付を行う
請求書 発行依頼
カタ
売上計上
請求書送付
あくまで納品が完了したものを売上計上の条件にしてもらえませんか？
また、経理が入金を確認して営業に連絡しますので、未回収先への回収督促もお願いします

手間が減るなら
この方がこちらも
助かる
…そしてこれが
担当者別の
売掛金一覧です
ペラ
ペラ
ゴク
バサ
ほとんどオレが担当
してる取引先の
売掛じゃねぇか！

そ、そうなんです
前期からの未回収
もあって…
この回収にご協力
頂ければ
大変助かります…!!
山川営業部長は
一番注意が
必要な人物だ
創業時に社長が
ヘッドハントして
きた人物だし
実績も高い…
しかし
独断専行が多く
他の部署との
衝突も多い
現行のシステム
だと営業に
その意思があれば…
横領できてしまう
お、横領…？
客から現金で
支払いがあった時
営
客
¥
通常は営業が
受け取り
経理が領収書
を発行する
営
客
領収書
しかし営業が
その事を
会社に黙り
未回収のまま
にしていたら…
営
¥

売上が高い分
山川部長の
債権も大きいし
回収サイトも長い…
長年の付き合いで
取引先との癒着《ゆちゃく》も
考えられる
百戦錬磨の営業だ
今までの一生懸命な
お前のやり方は
通じないかもしれないぞ
ど、どうでしょう…?
どうもこうもねぇよ!
恥ずかしい話
自分が担当した
売掛金が
いくらあるのか
この一覧を
見てやっと
わかった

オレが率先して
回収しないと
示しがつかんな
あ、あれ…?
なんか素直に
反省してくれてる?
思ってたより
良い人だな…
またボクは!
すぐに信じて
しまうんだ
人を信じるのは
その人の行動を
見てからって
忠告されたのに
じゃぁ
今から回収に
いくぞ
はいっ!
って、ええ!?
こんなに
速攻で──!?
は、はじめ
まして!
うちの
新人です
む、向井
デス!
何気に
社外の
人ははじめて
ドキ
ドキ

いやまだ信用できないゾ
パターを変えたところだったんですよ
はっはっは！それは可哀相だ
結局ボギーで最終は…
コンペには呼んでくださいよ
まだ世間話
30分経過
ゴルフ皆好きだな～
ドキドキ
やっぱり御社のまごころバームは問合せが凄いですよ
ほらやっぱり話が出ない
45分経過
生産数をもっと増やしてうちに回してもらえませんかね？
これは困りましたな生産個数が決まっていますので…
御社は確か入金サイトが45日だったようですし
サイトを25日にしてお支払い頂ければ会社を説得できます
人気商品を優先して回させてもらいますよ
ニコッ
支払いを交渉材料に!?

こちらの支払い
サイトだけの
問題であれば
全く問題ありません
経理に言って
おきますので
その件は是非!!
どうして
向井が驚いて
るんだ?
だって…
山川部長は
債権管理に
反対してるかと…
別に反対してた
わけじゃないんだが…
確かに優先順位を
下げていたな
営業マンの活動は
売上を作る動きだ
来月の売上を
今月の営業活動で
仕込んでいく
既存客フォロー
問合せ対応
新規開拓
集客イベント
プレゼン
営
客
契約
以前の会社で
売上の回収までが営業活動
とされ、回収に手間取って
売上を作る動きが
制約されていたんだ
つっつ
ノルマ
達成が
入金制
営
客
客
回収に
うるさくなり
得意先から
嫌われた
営業は
歩合給も
あるので
つい目先の売上に
左右される

だからオレの中で悪いイメージがあったんだ…すまなかったな
山川ぶちょう!!
心配していたことは何にもなかったですよ!協力的!!
債権回収の交渉もまたお上手なんですよ～
そうか…良かった…
先日2人で飲みにいって私からもお願いしていたんだ
社長が根回ししてくださったんですね!
…それは良かったが…回収金額が大きいからな

任せてくださいよ～
宮崎さんは心配性
なんだから！
ハゲちゃいますよ～
イラッ
そうだな
心配しすぎたようだ
引き続き、向井君
頼むよ
了解
でっす～
なんで2人が
一緒に来るんですか!?
新商品の件で
デザイナーと
打合せでな
金額交渉
してきたのよ
お前の
伊藤ちゃんには
手をだしません
なっ…
しっかり
値段を
叩いてきたわ
デザイナー
泣いてた…
……

…そうか!
山川部長、
協力してくれたか
バッチリです!!
薬師寺さん
山川部長と対立して
たんじゃないんですか?
喜んでるみたい
やり方の反りが
合わんけど
嫌いなワケやない
営業ノウハウを
イチから教えてくれた
んはあの人やからな
社内の人間には
ぶっきらぼう
だけど
悪い人やないからな
ただちょっと
心を開いてくれない
ところはあるけど…
…仕事仲間の
プライベート
には興味がない
あぁ…それは
ちょっとわかります

たまたまオレが電話とって知ったんやけど
あの人の奥さん難病で入院してるらしいねん
しかも難病指定外の病気らしくて保険も対象外
晩婚やったから子供もまだ小さくてな保育園の送り迎えもあの人がやってるねん
あの人、車で通勤してるやろ?
ホンマはうちの会社車通勤は禁止なんやけど事情を考慮して社長が特別に駐車場を貸してくれてるらしい
ただ、そんな状況でも口外してないし部長は売上を落としたりはしてへんからな…
…そうだったんですか…
…………

ゲッ
谷本主任から緊急呼び出しや…「新商品開発にトラブルあり飛んできて、ダーリン」
ハハハ…心から行きたくないけど行かなかった時も怖いし…
えっっ
今から!?
?
2人きりにしてやるから上手くやれよ
新商品のことなら私もご一緒しましょうか?
生贄《いけにえ》はオレだけでじゅーぶんやで
ま、新商品も大詰めやからな気合も入るで
楽しみにしてますよ

あ、新商品のパッケージのデザインはどうだった？
移動
有名ブランドのイメージらしいけど私はセンスが皆無だから…
ええ!? そんなことないでしょう
メシが美味いか不味いかならわかるけど
メシって
服なんて店員さんが着てるやつとか従姉にイイって言われたものをそのまま買ってるし
コレは？
→従姉
高校の時は着られれば何でも良かったんだけど
かわいい
従姉が大学では人から見られることも意識した方がいいって言うから…
私って本当に面白みがないの
近づいてきてくれた人もがっかりして離れていってしまう…
伊藤さん…

最初は全然
気付かなかった
けど…
向井君は
とても優しい
周囲の人の
気持ちを
考えている
あなたの周りに
人が集まるのも
今なら
納得できる
そ、
そんな…
…だからこそ

山川部長には気をつけてほしい
え？
さっきの薬師寺先輩の話…
客観的に見るならば
山川部長は奥様の治療費として
大金が必要な筈

な、何の話だよ…
同じ会社の仲間なのに
犯人みたいに…
研修中《インターン》にも
社内で横領があった
ケースはいくつか見たわ
横領をした人は
ギャンブルか家族の病気か
理由は様々だけど
収入では間に合わない
大金が必要な人ばかりだったわ
私の言うことが信用
できないなら、一度
宮崎さんに相談してみて
カッ
どうするかは
ボクが決めることだ!!

ボクだって入社してから
自分なりに問題を
見つけて解決してきた
ボクにしか
見つけられない
問題だってあったんだ!!
やっと…会社が
一つになりそうだって
のに…
…どうして
伊藤さんは
仲間を疑えるの…

ハア
ハア
…ごめんね…
…私の言ったこと
忘れていいよ…
向井君のやり方で
いいと思うから…

3週間後
…い
おい
向井？
聞いてるか？
…あっ
すいません
大丈夫か？
お前最近
ちゃんと
寝てるか？
クマすごいぞ
延滞売掛金の回収は
順調じゃないか
リストアップ
したもののうち
既に80％回収だぞ
金額にして
4000万円…
もう一息だな
そ、そうですよね…

大丈夫です 資料作るのが 夜中まで かかっちゃって…
資料にわかんない ところがあったのか？
ええまぁ… いまだに宮崎さんに 頼るのも恥ずかしい じゃないスか
恥ずかしい？
自分で調べてたら 時間くっちゃった だけなんです
オレたちは 同じチームの パートナーだろ
オレがお前を 助けるのは 当たり前だし
逆にお前に 助けられたりも してきたじゃないか
お前が 言われたこと しかやらない 奴じゃないのは 知ってるし 自分でやりたい だろうけど
この8ヵ月 一緒に戦って きたじゃないか 今更遠慮すんなよ

…………
…宮崎さん…
ボク――……
パートナーなら
ボクを信じてください
…………
いや、いいんです

12月
寒くなったわね〜
関節が痛くて搬入がキツイわ
ほらほら！泣きごと言ってないで準備準備！
パン
パン
はーい
…今日は
遂に、新商品のお披露目パーティーだ
出来立てを届けるよう頑張るぞ！
おうっ!!

イェーイ！
遂に婚約指輪をもらったぞ〜
おめでとう！福ちゃん！
わーい
3月の式にはみんなで行くから
よかったねー
←恋の相談にずっと乗ってきた
キレイでしょう〜
…私は結婚しません
仕事に生きますから
仕事も恋も
一生懸命するのは
全部ムダじゃないからね
大丈夫よ…
そのうち伊藤ちゃんももらえるわよ〜
あいつとまだケンカしてるのか…

今日の午後7時から行われる新商品のお披露目パーティーは
我が社、初の試みや！他部署の協力をムダにしないようがんばろうな！
参加してくださる取引先にはオレからも電話しておくから
カン
カン
お願いします！新商品も大量受注したいですから！
うまくいくよう祈ってるよ
山川部長も最後の売掛金の回収頑張ってください！
これで肩の荷が降りる
そうだ！製造部の在庫整理も落ち着いたので
倉庫を解約することになったんです

年末に大移動です
年明けには駐車場の場所が変わる予定です
わかった…凄いじゃないか
ありがとうございます!!
山川部長も移動を手伝ってくださってても結構ですよ〜
そんな暇じゃねぇよ!
アハハ いってらっしゃい
ようこそいらっしゃいました!
真心絆食品新商品御披露目パーティー
真心絆食品商品のサンプルです!新商品は中にありまーす

ようこそ、お越しいただき有難うございます！代表の真田です
さ、作製には…
苦労と言えば……
新しく誕生した「米粉ドーナッツ」は原材料に米粉を使用しており
おいしー♡
揚げるのではなく焼き上げているのでヘルシーで低カロリー……
モデルの方商品と撮りたいのでお願いしまーす
経費削減のため仕方なくモデルを引き受けた伊藤
向井君、どこにいるんだろ…
あの子新人アイドル？
こっち皿が足りてないぞ
お土産の残り確認しておけ
あ、今やってます！

…お客さんの反応も上々だなスタッフも緊張感持ってるし
製造も営業も経理もない…真心絆食品としてのイベントだ
…この会社が部署の壁を乗り越えて
新しい一歩を踏み出した証だ
これを乗り越えたということが数字を出す以上の大きな財産になるだろう

ハァ
ハァ
ギシ
ガシャーン

…ふぅ…
ハァ
ハァ
ハァ
ハァ
…こんな夜中に一人で
材料を運び出して…
どうするつもりなんですか？

…山川部長…
購買から…
倉庫にある在庫の数が合わないと連絡が来ました
…誰かが運び出しているとしても、倉庫の鍵は壊された形跡はないし運搬手段も車でないと難しい…
ハァ
ハァ
…鍵を持っていて倉庫の近くに駐車をしているあなたなら可能だった…
違っていることを祈って、カマをかけたんです!

皆がお披露目パーティーで出払っている今夜なら
運び出す最大のチャンスだった…しかも倉庫は解約…今夜しかなかった…違いますか!?
売掛金の回収に協力的だったのはこのことを隠すため!?
お金が必要だったんですか!?
どうしてなんです山川部長!!
ガタ
ガタ
人の信頼を裏切る意味をあんたは知ってたのに!!

みんな、部長のことを信じてたのに…っ

――裏切る?
どこに証拠があるっていうんだ?
人を犯罪者みたいに扱いやがって…
そ、そんな…今更言い逃れですか…
言い逃れもクソもオレは悪いことは何もしていない!
今まさにこの在庫を運び出そうとしてたじゃないですか!?
取引先から急ぎで頼まれた分だよ
仮にこの在庫を運んだとして
今までの分も横領していた
証拠になるのか?
ならないだろ! お前の言ってることは
憶測にしかすぎない!

グッ
1週間待ちます
その間に
自分で社長に報告
してください
………
わかりました…
そういう態度に
出るんですね…
キュッ
…薬師寺さんは
たぶん
あなたのことを
尊敬している…

──しかし
1週間を待たずして
事態は急転する
経理部長あての
一本の電話だった
…○×工場さん？
お取引はないよう
ですが…今から
いらっしゃる？
わかりました…

税務調査が入って社長の私も真相を知った次第です…
…彼は仕入れ担当で、すべて彼に任せてしまっていました…
誠に申し訳ございません!!
御社の山川部長から材料を購入しておりました…!伝票は切らずに現金取引で…
金額にして約1000万円それを切らずに他社に伝票を売却資金を転売して着服していたことが、今回発覚した次第です
ご迷惑をおかけした部分につきましては弁償させていただきますので…誠に申し訳ございませんでした!!
…原口君…
はい…
山川部長を呼んできてくれ

…ちょっ
痛いですって
宮崎さん!?
馬鹿野郎！
…お前
知ってたんじゃないのか
山川部長の横流しのこと
どうしてそれを!?
…部長が自首してきたんですか!?
…やっぱりな！
お前ずっと様子おかしかったからな
売りさばいてた業者に税務調査が入って明るみになったんだよ！謝罪に来て、山川部長が呼び出されてる
このことどうしてオレに言わなかった!!

答えろ!
オレが社外の人間だからか!?
こんな大問題を自分一人で解決できると思ったのか!?
…向井?
お前大丈夫か…? 真っ青だし その汗…
ハァ
ハァ
ボク… 行きます…
向井!!
山川部長…!

…お前を
引き抜いてから
ずっと礼を持って
接してきた…
信用して権限も
与えた…
…それが
この仕打ちか…
どんな理由があろうと
お前は許さないいっ
山川ぁっ…!!
社長!
待ってください!!

向井!?
自分は山川部長に相談されていました!!
ずっと自首するタイミングを見計らっていただけなんです!!
新商品の件が落ち着いてからお話しするつもりでした
…何を都合のいい…
新人は黙ってろ…!向井!!

人と人をつなぐまごころっ
バッ

社長が社員を信頼して…社員は理念をもとに行動していく
他の部長も、社員も、ボクもそうしてここまできました
それがボクにとっての
真心絆食品です

お願いします…最後の最後にもう一度だけ…
山川部長を信じてあげてください…
……わかった
この件は自分から告白してきたものとする
返済は約束してもらうその代わり、解雇ではなく自主退社として扱おう…この件は公表もしない
ただし、会社への裏切りは変わりない事実だ

しゃ
しゃちょう…
向井！
フッ
向井！
大丈夫か!?
原口君！
救急車を！
…たぶん
こいつは
あなたの罪を
自分のことの
ように背負って
しまったん
でしょう
オレにまで
黙って一人で抱え込んで…
あんたを救おうとしたんだ
…彼は…横領の件も
すべて何も知らなかった
…ただの憶測が
当たったにすぎません
彼への処罰はやめて
いただきたい
…そうだったとしても
ゲンコツもん
ですよ

パートナーにこんな大事なことを
ダイヤモンド総合病院
黙ってたんですから

…向井くん
大丈夫？
…伊藤さん
ここは病院よ
向井君が
倒れたって
聞いて…
苦しそうだったから
手を握ったの
イヤだったら離すわ
このままで…
…そう

525室
ごめんね伊藤さん…
…いいの
また話せてうれしい…
病名は軽度の胃潰瘍《いかいよう》だった
ボクが入院している間に山川部長の退職が進められていた

シーン
・・・・
横領の件は
公表されなかったが
人の口に戸は立て
られなかったようだ
ガチャ
カチャ
…世話になったな
みんなしっかり
がんばってくれ

ザッ
薬師寺…
今まで
ありがとう
ございました
…営業はお前に
かかってる
がんばれよ
…はい!!

ド総合病院
まったく！
あんたは1年で何回入院するのよ！自分の身体を大切にしなさいよね
心配かけて悪かったって
…でもまぁ
…1年前とは
見違えるようだけどね
第6章　完

財務改善プロジェクト【決算書ビフォア アフター】

（単位:千円）

改善ポイント

【増加】① 手元資金 1億円改善

【削減】② 延滞していた売掛金回収 5,000万円達成

【削減】③ 在庫総額 2,100万円（18%）削減達成

＜貸借対照表＞	プロジェクト前 前期	プロジェクト後 今期	増減額
現金及び預金	50,000	150,000	①→ 100,000
売掛金	166,670	116,670	②→ -50,000
製品、原材料、仕掛品	119,210	97,750	③→ -21,460
前払費用	13,540	7,370	-6,170
［流動資産計］	349,420	371,790	22,370
有形固定資産	700,000	600,700	-99,300
無形固定資産	5,000	5,000	0
投資その他の資産	67,450	62,950	-4,500
［固定資産計］	772,450	668,650	-103,800
試験研究費	3,600	2,400	-1,200
［繰延資産計］	3,600	2,400	-1,200
［資産の部合計］	1,125,470	1,042,840	-82,630
買掛金	22,330	26,250	3,920
未払金	21,330	34,980	13,650
短期借入金	96,000	75,000	-21,000
預り金	18,000	10,800	-7,200
［流動負債計］	157,660	147,030	-10,630
長期借入金	850,000	754,000	-96,000
［固定負債計］	850,000	754,000	-96,000
［負債の部合計］	1,007,660	901,030	-106,630
資本金	30,000	30,000	0
利益剰余金	87,810	111,810	24,000
［純資産の部合計］	117,810	141,810	24,000
［負債及び純資産合計］	1,125,470	1,042,840	-82,630

（単位:千円）

改善ポイント

【削減】④ 材料代及び材料在庫、材料倉庫家賃削減

【削減】⑤ 製品在庫削減

【削減】⑥ 売上原価率2%削減

＜損益計算書＞	プロジェクト前 前期		プロジェクト後 今期		増減額	増減率
［売上高］	金額	対売上高比率	金額	対売上高比率		
売上高合計	1,000,000	100.0%	1,000,000	100.0%	0	0.0%
［売上原価］						
期首製品棚卸高	62,100	6.2%	77,440	7.7%	15,340	1.5%
当期製品製造原価	662,060	66.2%	616,720	61.7%	④→ -45,340	-4.5%
合計	724,160	72.4%	694,160	69.4%	-30,000	-3.0%
期末製品棚卸高	77,440	7.7%	67,440	6.7%	⑤ -10,000	-1.0%
製品売上原価	646,720	64.7%	626,720	62.7%	-20,000	-2.0% ⑥
売上原価	646,720	64.7%	373,280	62.7%	-20,000	-2.0%
売上総損益金額	353,280	35.3%	373,280	37.3%	20,000	2.0%
［販売費及び一般管理費］						
販売費及び一般管理費合計	322,250	32.2%	315,210	31.5%	-7,040	-0.7%
営業損益金額	31,030	3.1%	58,070	5.8%	27,040	2.7%
［営業外収益］	0					
受取利息	200	0.0%	250	0.0%	50	0.0%
雑収入	5,000	0.5%	6,090	0.6%	1,090	0.1%
営業外収益合計	5,200	0.5%	6,340	0.6%	1,140	0.1%
［営業外費用］	0					
支払利息	25,500	2.6%	24,410	2.4%	-1,090	-0.1%
営業外費用合計	25,500	2.6%	24,410	2.4%	-1,090	-0.1%
経常損益金額	10,730	1.1%	40,000	4.0%	29,270	2.9%
［特別損益］	0	0.0%	0	0.0%	0	0.0%
［当期純損益］						
税引前当期純損益金額	10,730	1.1%	40,000	4.0%	29,270	2.9%
法人税等	4,290	0.4%	16,000	1.6%	11,710	1.2%
当期純損益金額	6,440	0.6%	24,000	2.4%	17,560	1.8%

財務改善プロジェクトは、まだまだ続く…

宮崎先生の
財務
補習授業

第5講

売掛金を回収するために自社で取り組むべきこと

…今回のような事態に陥らないためにも、売掛金の入金管理にまで意識を向けられる方法ってなかったんでしょうか？

商品や材料を勝手に持ち出しをさせない仕組み作りも必要だが、
まずは売上債権の回収の仕組みを社内で根付かせることが重要だ

6ステップ
基本的には以下の6ステップを社内で確立しておく必要があるんだ

売掛回収の取組み 6ステップ

①現在の状況を確認して、売上債権の内容を区分する

伊藤女史の財務用語解説

さぁラストよ気合いれましょう

売掛金

自社が販売した商品代金を販売した時に集金せずに、後日改めて集金する債権のことです。これとは逆に、材料を仕入れてその場で払わず、後日改めて支払う債務のことを買掛金といいます

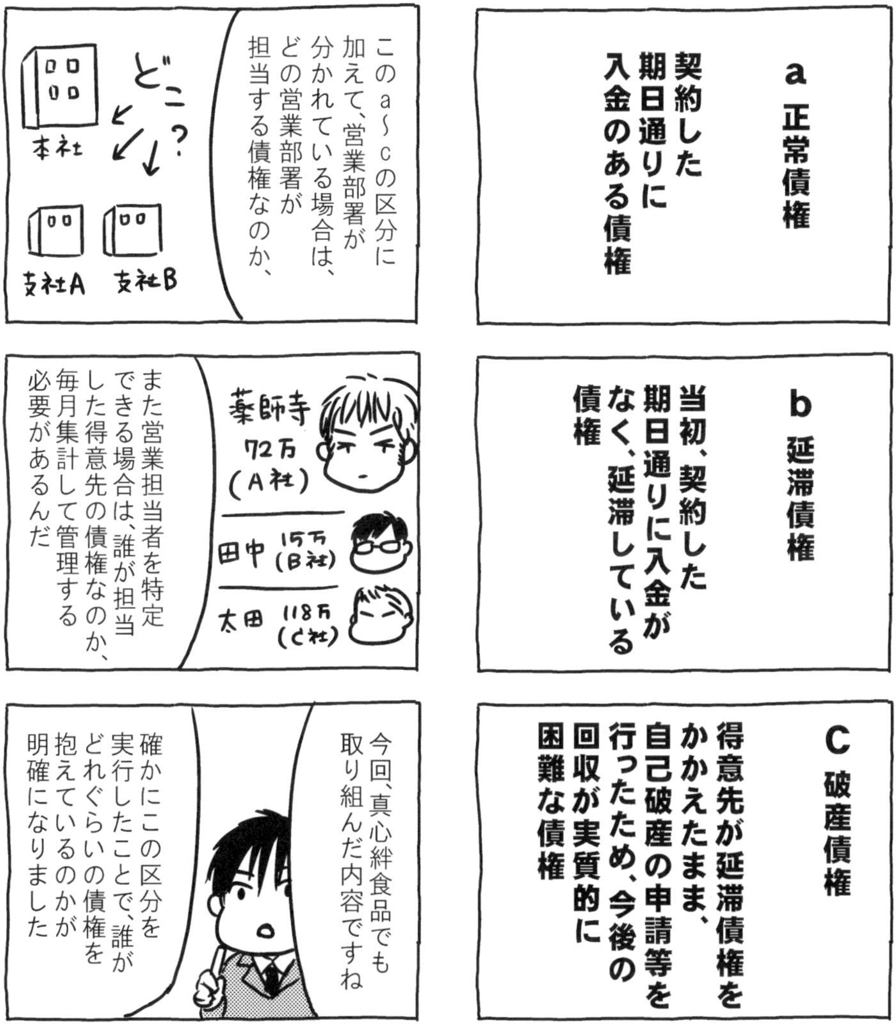
a 正常債権
契約した期日通りに入金のある債権
b 延滞債権
当初、契約した期日通りに入金がなく、延滞している債権
C 破産債権
得意先が延滞債権をかかえたまま、自己破産の申請等を行ったため、今後の回収が実質的に困難な債権
このa～cの区分に加えて、営業部署が分かれている場合は、どの営業部署が担当する債権なのか、
どこ？
本社
支社A
支社B
また営業担当者を特定できる場合は、誰が担当した得意先の債権なのか、毎月集計して管理する必要があるんだ
薬師寺 72万 (A社)
田中 15万 (B社)
太田 118万 (C社)
今回、真心絆食品でも取り組んだ内容ですね
確かにこの区分を実行したことで、誰がどれぐらいの債権を抱えているのかが明確になりました

受取手形

売掛金の回収期日に現金や小切手(その場で銀行に持参すると換金してくれる証券のこと)で回収するのではなく、指定された期日(これを満期日といいます)になって初めて換金できるものとして受け取る証券のことです

売上債権

主に売掛金と受取手形を総称して売上債権といいます

もちろん、営業担当者が定期的に相手先を訪問し、営業状況などを確認することも重要になる
売掛回収の取組み 6ステップ
②新規取引先への与信管理
次に、取引を開始するにあたってだけど、相手の信用度合いがわからないまま、いきなり掛取引を始めるのは、リスクが高い
一般的だけど、最初は現金取引、そして取引先の与信調査などを経て、徐々に取引量を増やしていき、最終的に掛取引を開始する
○×データ
相手との信頼関係が築けてから、掛取引を始めることが大切なんですね
売掛回収の取組み 6ステップ
③債権回収担当者の責任の所在を明確にして、人事考課に反映する

与信管理

売掛金＝「得意先を信用した取引」といえますが、得意先が倒産してしまうと、取引金額によっては自社に大きな貸倒損失が発生してしまい、企業経営が立ち行かなくなってしまうことも想定されます。そこで、得意先に対してどれだけの金額まで信用を与えるのか？
その内容を過去の取引状況や信用調査会社から入手した情報をもとに管理することを「与信管理」といいます

営業担当者の人事考課の場合、売上や新規件数が評価の大半を占めているケースが多いけど、会社としては…
a 売上総利益を稼げているか？
b 担当している得意先からの売掛金がどれぐらいの割合で回収されているか？
この2点で評価することが重要なんだ
売上額の大きさだけで人事考課してはいけないんですね…
売掛回収の取組み 6ステップ
④経理と営業が連携して回収業務にあたる
基本的には、営業担当者が回収業務にあたるんだけど実際に期日通りに入金されているかどうかを把握するのは経理担当者なので、
入金がない時点で即座に営業担当者がアクションを起こせるよう、情報提供を行うのが経理担当者の役割
そういう意味では、営業任せにせず、経理側でもできることを考えて一緒に回収に取り組む体制が望ましいといえる

割引手形

受領した受取手形を満期日まで保管しておくのではなく、満期日になる前に金融機関で手数料(割引料)を支払い、換金してもらった手形のことをいいます

貸し倒れ

自社が保有していた売上債権が、その得意先に倒産するなどの事態が発生したため、やむを得ず回収できなくなることを「貸し倒れ」といいます。
通常は貸倒引当金として、貸し倒れのリスクを事前に見積もって費用計上しておきます。
また、実際に貸し倒れが発生した場合は「貸倒損失」として費用計上を行います

経理と営業って連絡を密にしないといけないんですね
当然、債権回収についても同様で、経理部長や顧問弁護士等に協力してもらい、債権回収に対する社内ルールを作成するのと、
それらを社内に周知徹底させるための研修や情報共有を常日頃から実践しておくことが大切なんだ
売掛回収の取組み 6ステップ
⑤予防活動が大事
問題が発生する前に、事前に予防しておくって大切ですね
これは債権回収に限らずだけど、会社では、社内・社外に限らずいろんなトラブルが発生するのが当たり前で、
それらを事前に予防できるかどうかが重要になってくる
売掛回収の取組み 6ステップ
⑥回収サイトの改善方法

サイト

売掛金の場合は締日から入金日までの日数を「入金サイト」、買掛金の場合は締日から支払日までの日数を「支払いサイト」といい、通常は日数で表すことが多いです。
また、支払いサイトが入金サイトよりも短い場合は、運転資金が不足しがちになるため、金融機関から資金調達を行うことが多くなります

お疲れさま
がんばったわね

最後に回収サイトの改善方法だけど、主に以下の方法が考えられる
取引先
1位 当月入金
2位 翌月入金
3位 翌々月入金
早い方が良い◎
a既存の取引先に条件変更を打診する
もともと決まった取引条件がある場合、なかなか条件は変えづらいのは事実だし、場合によっては単価交渉に連動する可能性もあるけど、地道に交渉することも大切
目安としては、最低でも自社の支払いサイトの期間以内に売掛金が回収できるサイトで交渉してもらうことが重要になってくる
b新規の取引先に、回収サイトの早い条件を提示する
既存の取引先への交渉が厳しい場合は、新規の取引先との取引開始に伴い、新たな回収サイトで販売交渉を行うことも一つの方法といえる
c新商品の販売時に、支払いサイトに影響が出ない入金サイトで取引する
これもbと同様だけど、新商品の販売を行うに当たっては、必ず支払いサイトに影響の出ない範囲で、入金サイトのルール作りを行ったうえで、販売を実施することが重要になるんだ
営業
新規開拓
顧客フォロー
入金・回収
単純に商品を販売するだけじゃなくて、入金までを意識して取り組むことが大切なんですね…
あぁ！
会社をより良くしていくためには数字に対して財務的な改善取組みをしていくのがベストだと思う！
財務改善プロジェクトはこれが終わりじゃなくて会社を良くするために続けていかなければいけないんですね！

Epilogue

あれから1年が過ぎて…

エピローグ
リーン
ゴーン
おめでとう福山くん…
なんて綺麗なんだ…
本当に…良かったですね…
お父さんより泣いてる…
愛されてるわね

…伊藤さんは結婚願望はあるの…？
ないわ！
30まではバリバリ働くもの!!
そう…
…でも綺麗だと思うわ
…そうだね
3月の決算が終わり…
銀行《メインバンク》との話し合いがはじまった
交渉には宮崎さんも入り改善点をアピールしてくれた

交渉終了～取引も継続決定!!
3時間話した
ヤッタ!!さすがッス!!
借入内容も見直してもらって支払利息も年間で500万円削減!
…向井がやってきたことの結果だ
…この1年よく頑張ったな
…こんな手放しで褒められるなんて怖いです…
お、怒られるんですか?

何の知識も経験もなかった新人が…
必死になって走り回ったからこそこの会社は
生まれ変わることができたんだ
…みっ、宮崎さんの
おかげですっ…
というわけでプロジェクト担当は終了だ
卒業
おめでとう
引き続き伊藤さんがプロジェクトの担当者になる予定だ！
念願!!
ボクリストラですか!?

た、確かにお2人なら息ピッタリだし…
ボクには敵わないかもしれないけど…
ハハハお前らの方がピッタリだろ
いいんです！気を遣ってもらわなくても!!
伊藤さんだって宮崎さんのことを特別に思ってますし…
…え？何ソレ…
身を引く覚悟はできています…
お2人なら…
こいつ…もしかしてスゲー鈍感？
オレの婚約者は伊藤さんの従姉なんだよ
えぇぇ!?
かわいいでしょ？
妹的な存在として紹介されたけど…
何ですか…アナタ…
最初は全くなついてくれなくて…
インターンをうちでやってみて会計知識が上回っていたからやっと認めてもらえたんだよな
つまり逆というか…
仕事が出来ることがあの子のアイデンティティなのさ…
そうだったんですかー!?

この1年…本当にお疲れ様でした…真田社長
いや…君に助けられたよ宮崎さん
山川部長の件は冷静な対応に感服致しました
あの時の判断は正しかったのか…いまだわからない
…ただ激情に身を任せずに済んだのは
向井が止めてくれたからだと思う
新入社員に理念を突きつけられたんだ…あいつじゃなかったら止められなかっただろう
…ところであいつの今後はどうするんですか？
——各部長とも話し合ったんだが…

私の傍で成長させたいと思っている
…これは
私自身社員を信じることに及び腰になってしまいそうだからな…あいつに学ばせてもらうよ
本人には口が裂けても言いませんが…
あいつは社長になれる器だと思います
自分と人を信じる力を持ち続けられれば——

経理知識もなかなか覚えなかったし要領悪いし
部長たちにことごとく嫌われてたし
オレにも隠しごとをするし
リストラされる心当たりがー
極めつきは社長にたてついた!!
やめてくださいーー!!
…まぁでも…
お前らしいだろ
全てを糧にして
進み続けろ

花嫁さんがブーケを投げまーす
独身の方は前へどうぞ!!
わっ
ポーン
わはは
何でボク!?

…伊藤さん いりますか?
いい
…そう…
向井くんの方が お花は似合うわ
えっ!?
そして 4月——
ボクたちは 一緒に桜を 笑って見る ことができた

山川さんは
横領していた資金も退職後まもなく会社に一括返済してくれた
風の噂では奥様が亡くなりお子様をつれて田舎に引っ越した…らしい
薬師寺さんは営業部のトップとなった
チームを盛りあげながら会社を引っ張っている
財務改善プロジェクトは伊藤さんに代わり…
経費のチェックもより厳しくなり日次決算の導入に向けて奔走している
そしてボクはというと…
人前で話すのって慣れないんですけど…
ハハハ場数だよ向井

こんにちは！
真心絆食品の
採用説明会に
ようこそ！
入社2年目
社長室長、兼
人事広報担当の

Thank you for reading.
向井 聡です

END

あとがき

本書を最後までお読みいただき、誠にありがとうございます。

この本を出版するに至った背景として、3つのキーワードがありました。

一つ目は「財務力」です。大学時代に管理会計を専門に研究するようになってからというもの、私は経営や会計の奥深さに魅了され、また、前職の会計事務所勤務時代では中小企業の財務状況を目の当たりにしたことで、会社のお金や数字に対する重要性を実感することができました。そして、二〇〇三年に起業してこれまで約九年間、「財務で日本の中小企業を支援する！」というコンセプトのもとコンサルティング活動に従事してきたおかげで、本書を執筆できる財務力を培うことができました。

二つ目は「IT活用力」です。起業後、アナログ経営を邁進していた私にとってITを活用して売上を上げ、経費を下げ、業務効率を高めるという考え方は非常に衝撃的でした。現在では、私のワークスタイルの中枢となったこのITツールの活用ですが、きっかけを与えてくれたチャットワーク株式会社の山本敏行さんには、この場を借りて改めて感謝申し上げたいと思います。

三つ目は「伝える力」です。大学時代、私が所属していた会計学研究会というクラブでディベートやプレゼンの機会を数多く経験させていただいたおかげで、人前でもリラックスして、相手にわかりやすい言葉で伝える力を身につけられたと思います。

実際、この本を出版するに至ったのも、大阪のIT業界の活性化を目的とした大阪IT飲み会の中で、財務に関するプレゼンをさせていただいたことがきっかけです。偶然、このプレゼンを聴講しておられたダーナの山本時嗣さん（本書のプロデューサー）が私の財務プレゼンに共感していただけたことで、出版に向けての準備がスタートしました。

そして、これら三点に加え、今回の出版はビジネス漫画家の渡邊治四さんの力なくしては実現できませんでした。私のつたない原作を見違えるほど素晴らしい作品に仕上げていただき、各キャラクターに命を吹き込んでくれたおかげで、本書が完成したと言っても過言ではありません。

また、出版の準備を進める中で、プライベートでは子供が生まれたり、大阪で出版ミーティング中に東日本大震災が発生したりと、人生観が変わるような出来事を経験したことも、本書の製作に少なからず影響を受けました。

改めて、この書籍をプロデュースしていただいたダーナの山本時嗣さん、ビジネス漫家の渡邊治四さん、企画から編集まで温かくご指導いただいたダイヤモンド社の高野倉俊勝さん、そして日頃、私の仕事をサポートしてくれている当社スタッフの谷口雅美さん、本書における会計面のアドバイスをいただいた北本幸市郎税理士、また、本書の製作にご協力いただいた皆様、私をこれまで支えてくれたお客様、取引先、友人、知人をはじめ、お世話になった方々に厚く御礼申し上げます。

最後に、私を公私ともに献身的に支えてくれている妻の郁子と、私に無限の力を与えてくれる息子の高志、そして私を育ててくれた両親や、日頃から私の健康面に気を配ってくれる妻の両親にもこの場を借りて感謝の意を伝えたいと思います。

この本が、読者の皆様にとって、今後の人生の一助となれば幸いです。

キャッシュフローの専門家　森岡　寛

あとがき

この本をお読みいただき、ありがとうございました。漫画家の渡邉 治四（ワタナベ ジョン）と申します。

漫画家と申しましてもこの本は私にとって初書籍となります。私はプロの漫画家として漫画誌にて活動していたのですが、なかなか芽が出ませんでした。投稿から足掛け10年、情熱を燃やしてきた漫画家をやめてビジネスの世界で働くことにしました。派遣社員からはじめたのですが、ビジネスの世界はなかなか面白く、挑戦しがいがありました。色々な方に成長させていただきながらキャリアを重ね、ベンチャー企業の役員まで勤めました。そして再び、漫画の世界に戻ってきました。皆さんが一般的に想像される娯楽としての漫画ではなく、ビジネスとして事業展開するために。

最初の事業がこの本の出版だということに、心から感謝しています。会社で経理業務も担当していたこともあるのですが、会社が成長する上で財務が必要だということは肌で感じていました。

財務を題材にしたビジネス書の中で面白い著作がたくさんあると思います。では、漫画でどうアプローチするべきなのか。漫画を使う意味は何なのか。私が考える、漫画の本当の力。それは、キャラクターに共感、感情移入できるということです。

本書の中には数多くのキャラクターが登場します。主人公の向井君、ツンデレ伊藤さん、コンサルの宮崎さん、人の良い理念タイプの社長、まじめな原口経理部長、頑固な竹村製造部長、一匹狼な山川営業部長…私が社会にでて、出会った多くの人々を思い浮かべながら描きました。社会経験のある方なら、キャラクターの誰か一人でも、自分に似ている、あの人に似ている、理解できる、応援したくなる…そんな人がいたと思います。感情移入とは、他人の想いを理解することだと私は考えます。

現実の組織でも同じように、数多くの人が目的を達成するべくそれぞれの役割を果たしています。会社という組織を良くするためには数字的な指標が必要です。その数字の根拠には財務知識が必要だと経験上、断言します。ですが会社で働いているのは人間です。それぞれの立場や役割、想いを理解せずに指標だけで改善できるでしょうか。

この物語では何もわからない主人公が、会社で働く一人ひとりの想いを理解して成長していきます。読んでくださった方は、漫画の中で立場の違う人の想いを理解できたはずです。それは組織全体を理解することにつながります。働く全員が組織全体を理解できたなら、強くしなやかに成長していく会社になるのではないでしょうか。これが、私の考えた漫画ならではのアプローチ、漫画を使う意味です。

震災以降、日本には絆を大切にするという素晴らしい文化が芽生えつつあります。その絆はただつながるだけではなく、お互いの想いを理解しあうつながりになれば、もっと清らかで強いものになるのだと考えます。

この本を読んで少しでも心動かされた方は、他人の想いを理解できる人です。そこに想像力をプラスして、何か一つの行動でもとってくだされば幸いです。

また、素晴らしい原作と財務知識を惜しみなく提供してくださった、キャッシュフローの専門家森岡 寛氏に心から感謝申し上げます。表現に対しても、一緒に頭を抱えながら考えていただけて、本当に心強かったです。森岡さんのわかりやすい解説には何度もうなりました。たくさんの方に支えられてこの本は完成しました。深く感謝申し上げます。

最後に、本書に関わってくださった全ての方と、お読みいただいたあなたに愛と感謝を。

ビジネス漫画家　渡邊　治四（ワタナベ　ジョン）

Special Thanks

Tokiomi Yamamoto, Toshikatsu Takanokura, Heco Tanaka, Namako Sorama, Memeco, Hideki, and my family

［著者］
森岡 寛（もりおか ひろし）
キャッシュフローマネジメント株式会社／財務マネジメント株式会社
http://www.cashflow.co.jp http://www.zaimu.net

高知県高知市出身。1974年９月23日生まれ。
実家が製麺卸売業を営んでいることから、幼少期より経営に関心を抱く。中学卒業後は高校に進学せず、大検取得後の1995年、近畿大学に進学。在学中は会計学研究会に所属し、管理会計の研究に従事。大学卒業後の1999年、大阪市内の大手会計事務所に勤務。入社３年目から経営幹部に抜擢され、以後２年半にわたり、部署売上目標を全て達成。実務面では、税務・経営・人事コンサルティングを担当する中で、中小企業の財務の重要性を実感し、2003年８月退社。同年９月起業。起業後は中小企業に特化した財務コンサルティングを東京・大阪で実施。現在は「キャッシュフローの専門家」として、セミナーやコンサルティングを中心に中小企業のキャッシュフロー改善に努める一方、チャットワークをベースにITツールを活用した「顧客に会わない」ワークスタイルでも注目を集めている。

渡邊 治四（ワタナベジョン）
ビジネス漫画家
Office John
http://www.johnwatanabe.com/ http://www.business-comic.com/

1978年生まれ。女性。漫画雑誌でプロとして３年活動するもなかなか芽が出ず、投稿から足掛け10年、情熱を燃やしてきた漫画家をやめてビジネスの世界で働くことに。一般企業に派遣社員として勤務。契約社員、一般社員へとキャリアを重ねて３年後に上場企業のWEBショップの店長、７年後にベンチャー企業の経営幹部に。そんな頃、起業した兄から自分の想いを漫画にしてほしいと依頼され漫画を作成。営業ツールとして配布すると翌年の顧客数64％、売上65％アップに。兄から「漫画のおかげでお客様との距離が近くなった」という言葉をもらう。他社からも依頼されて社長漫画を作成することに。採用ツール、社長のブランディングなどに使われ効果が出る。共感を呼ぶストーリーが組織理解に繋がるとして大手からも社内マニュアル作成の依頼を受ける。2012年ビジネス漫画事業にて独立し、漫画家の卵向け、一般向けに講演・イベントなども行っている。

マンガで入門！ 会社の数字が面白いほどわかる本

2012年５月17日 第１刷発行
2020年７月21日 第11刷発行

著 者―――森岡 寛＋渡邊治四
発行所―――ダイヤモンド社
〒150-8409 東京都渋谷区神宮前6-12-17
https://www.diamond.co.jp/
電話／03･5778･7234（編集） 03･5778･7240（販売）
装丁デザイン―――穴田淳子（a mole design Room）
製作進行―――ダイヤモンド・グラフィック社
印刷・製本―――ベクトル印刷
編集担当―――髙野倉俊勝

ISBN 978-4-478-01747-0